長大是喜不喜歡都無須假裝

P's 著

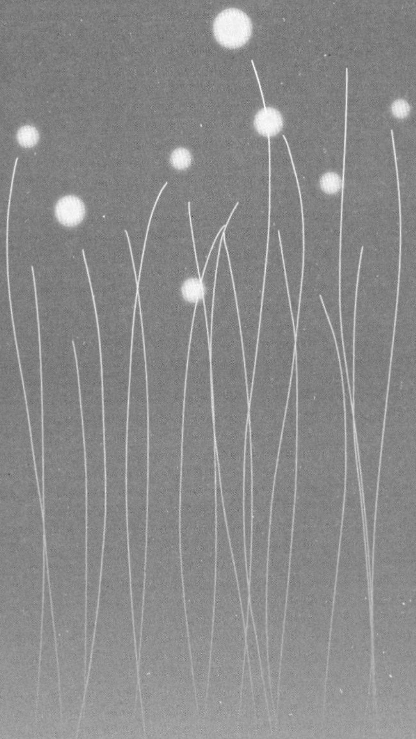

Whether You Like It Or Not,
There Is No Need
To Pretend

目錄

輯一 你比誰都還值得珍惜——關於#自我

輯五 把話說開，也要足夠柔軟——關於#溝通

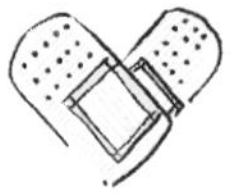

關於——— #自我

輯一

你比誰都還值得珍惜

不要想著該怎麼做才對，而是你真正想要怎麼做

#過於合理變成無聊
#盡力活成最喜歡的樣子

人生中的命題，從來就沒有標準答案，**拿高分的方式並不是揣測正解，而是你有沒有傾聽自己的想法，然後付諸實現**。

從小到大，我很習慣拿到題目後開始作答，從學生時期的考卷，到職場主管交付的任務，先不管我能不能填上正確的答案，但已經讓我養成一個口令一個動作的肌肉記憶。我曾以為每件事情都像一個保險箱，只要按圖索驥地將密碼輸入，就能拿到多數人想要的寶物，而我盡可能多蒐集幾個這樣的寶物，雖不至於一夕致富，但人生至少能一帆風順，不會出什麼太大的差池。

的確，我因此成為了一個很穩定的人，有穩定的生活、穩重的個性。面對很多事情，我已經很慣性地去思考該怎麼做才得體，也能很順手地給出符合邏輯的回應，就像一篇筆觸工整的文章，起承轉合都沒什麼太大的毛病，旁人都覺得我做得不錯，不過也僅此而已。

直到我漸漸發現，一直小心翼翼追求的「合理」，讓我變成一個墨守成規的無聊男子。我明明用著自己所理解的正確方式來應對，但在別人眼裡卻差強人意，不能說哪裡做得不好，可那就未必是對方想要的解答。**我像是把每項科目考到了八十分，卻活得不如連試卷看都不看一眼的人那樣快活**。別人颯爽地盡情奔馳，我卻亦步亦趨地怕踩錯腳步，處心積慮想要讓身旁的人開心，可我卻連這麼做的意義是什麼都不曉得。

原來，每個人都知道「該怎麼做」，但「想怎麼做」又是另外一回事。這就是為什麼我們的命運走向會截然不同，**因為渴望的理想未來，本來就不只有一種**。

年紀到了就該結婚、想賺錢就該做哪一行、與人相處就該怎麼做才討喜，如果你也聽過諸如此類的提醒，在遵循或拒絕之前，你都要先問自己，**什麼才是你內心最想要的**？因為只有你才需要對自己的選擇負責，無論對錯成敗，只問你想要什麼樣的未來。

記得把自己的念想放在所有人之前，並收下所有善意的建議與可參考的範例。在這趟有著做不完選擇題的人生裡，盡力活成自己最喜歡的樣子。

P.S.

想要回人生的主控權，
就先將「我該……」的口頭禪改成「我想……」吧。

既然沒有完美的天資，何必要有追求一百分的偏執

#七分滿的人生也很好
#對自己寬容但不放縱

七分滿，是最理想的生活態度，就像愛情，你付出全部的自己，就提高摔得粉身碎骨的風險。

老實說，我並不認為「船到橋頭自然直」是一種消極的生活態度。還記得小時候暑假作業沒寫完，開學前一天我還是能呼呼大睡；大學報告沒有做完，我早點起床趕但絕不熬夜。諸如此類的人生體驗，即便出了社會，我仍然不會過度逼迫自己，因為我很明白自己的能力在哪裡，以及怎麼在不影響他人的前提下，適度地尋求協助。當我能夠拿捏好其中的取捨，**不追求完美，但能把事情做到七十分，就是我能給自己一份最低限度的**

交代。

我能明白，肯定有不少人對於這樣的觀念嗤之以鼻，不過我得坦承，我本來就是一個再平凡不過的人。**我對自己寬容但不放縱，我不為難自己但不是毫無要求**；我的確做不到別人眼中的一百分，但我寧可拿被扣掉的那些分數，交換比較有餘裕的生活品質。

我們都知道愛迪生說過：「天才是一分的靈感，加上九十九分的努力。」但你有沒有想過，如果你用了九十九分的努力卻沒成為天才，那這些庸庸碌碌的日子，會讓你錯過多少的繽紛歲月？或者退一步說，如果你將生活的一百分，重新分配成好幾等份，雖然全都達不到完美，但至少都量力而為。**就算成績沒有多亮眼，來時路體驗到的滴滴點點，也早已不枉此行**。

我很抱歉，沒有辦法提供正確的成功秘訣，可我只希望，在這說長不長、說短不短的人生裡，每個人都能找到恰如其分的生存法則。不把自己逼上懸崖，也不把自己放逐大海，端好七分滿的人生哲學，暢快淋漓地將一生飲盡。

P.S.

完美無瑕不是最理想的審美，接受有點缺憾、有點瑕疵、有點不符期待的人生，快樂才更樸實無華。

七分滿，是最理想的生活態度，
對自己寬容但不放縱，
不為難自己但不是毫無要求。

別花太多時間擔心，那些壓根不會發生的事情

#人終有一死不如放手一試
#懂得什麼是順其自然

古人要我們懂得未雨綢繆，但不是要你整天望著天空，等著那場雨落下。

我曾看過一支短片，是問老年人想給年輕的自己什麼樣的忠告？而影片中的長者們皆提醒**「不要過於擔心不會發生的事情」**。有人說他一輩子都在擔憂，導致精神與情感都消耗在不會發生、或就算擔心也改變不了的事情；有人說既然終會一死，應該玩得開心，而不是抱著焦慮與不安活著；最後一個人則表示，自己因為擔憂而想得太多，錯過了許多的機會，雖然對過去的選擇並不後悔，但如果再來一次，他會放手一試。

以前在經歷還不多的年紀，有時候我要別人別擔心，更像是種安撫，而不是實質的建議。直到長了歲數，體會過風雨冷暖、見過悲歡離合，**才開始明白什麼是操碎了心也沒有轉圜的餘地，什麼是杞人憂天但根本風平浪靜**。

我的母親一直深受焦慮所苦，從我有記憶以來，她日夜為家庭煩惱，無論是身體健康或出入安全，所有家庭成員的枝微末節都上她的心，也導致我習慣把煩惱放在心裡，不想讓她擔心。後來，她的憂慮與敏感從家人身上延伸到生活周遭，她相當在意別人的看法、擔心自己的所作所為會影響他人。一些我們左耳進右耳出的話語，都會成為她心裡揮之不去的緊箍咒。她偶爾暴躁、偶爾憂慮，後來不倚靠藥物便無法睡眠；即便我三番兩次希望帶她去看身心科，她仍打從心底不認為自己身心出了問題，也聽取不了專業建議或心靈開導。而我能做的除了陪伴，**就是在她每每為某事焦慮時，告訴她不要擔心**，然後在不久之後驗證她的擔憂往往都是雷聲大雨點小時，提醒她要記住這次經驗，別再庸人自擾。即便我很清楚這效果必然不彰，可我沒有辦法若無其事地面對母親的煩憂。

我很希望我的母親，以及任何慣於憂愁的人懂得什麼是順其自然、什麼是無能為力。**如果一件事情無論如何都會發生，那就做好你能做的準備，然後在終點前與它碰面即可**。不用花所有的時間去關注那些無論你關注與否，都不會改變的事情。

人終有一死，但沒有人會從小就擔憂這一天的來臨。你儘管把生活過得充實精采，接著相信命運會做最好的安排，然後學著把那些時常被懸在半空的心臟，用最優雅的姿態好好安放。

輯一・
你比誰都還
值得珍惜

P.S.

煩惱的事情像碗熱湯，你用不著急著吹涼，
只要靜待，早晚你都能從容嚥下。

害怕一個人叫孤單，享受一個人叫浪漫

#不想要合群
#一個人也很好

孤單就像納豆，有的人喜歡有的人不喜歡，而且不喜歡的人偏多，可天曉得喜歡的人有多享受。

我看過一個「怕蟑螂的理論」，明明只是一隻不起眼的昆蟲，為什麼會成為這麼多人的恐懼？原因就出在當我們還處於懵懵懂懂的年紀，家人、朋友都對蟑螂表現出害怕、驚懼的反應時，潛意識便會被植入「蟑螂是可怕的」訊息，畏懼從此在心裡扎根。

對大部分的人來說，孤單會被歸類在偏負面的詞彙，如果總是孤伶伶的，在人群中便相形見絀。或許這就跟我們從小被教導要多交朋友、多融入群體，不受歡迎的人才會是一個人等等觀念，使得我們害怕自己成為孤獨的那一個，就像蟑螂一樣讓人恐懼，只好想盡辦法要終結孤單。

可是你漸漸會發現，一個人孤單是異類，一群人孤單就成了同類。**尤其在這什麼都很倉促的時代，不去盲目追逐合群，日子反而會更愜意些**。

我很喜歡蛋堡在〈少年維持著煩惱〉的一句歌詞：「人長大愛孤獨，小時怕落單」，當我們成長到一個年紀，會開始意識到那些花花綠綠的陪伴，終究是短暫的；那些看起來很要好的人，可以一言不合便鳥獸散。**而這些你過往拚了命追逐的人際關係，現在回想，有或沒有根本也沒關係**。也就因此，在你眼裡一個人的孤獨，不過就只是單獨，就像是走進一蘭拉麵，在獨立的空間盡情獨享，不用配合誰的速度，不用在意吃相。

好的朋友幾個便足夠，沒有情人那就以後再說，獨自一人好過嘈雜的人際。就算一個人吃飯、一個人看電影，把所有「孤獨排行榜」的事情都一個人完成，那只是證明你擁有一個人生活的能力。不用管別人怎麼看你，畢竟他們不懂一個人的樂趣。

想去哪就自己安排，想吃什麼也不用遷就誰，**當你能開始享受一個人的浪漫，你的世界便不再有孤單**。

P.S.

以前都以為「一個人也很好」是自我安慰，但長大後才明白，這是有經歷過的人才懂得的至理名言。

沒喊痛的人只是能忍，並不代表傷得不夠狠

#習慣性忍耐的騙子
#每個人都有脆弱的地方

有一種騙子，就是不管遭遇了什麼樣的創傷，都可以表現得若無其事。

以前不認識我的人都會覺得我「悶騷、內斂」，我承認我不擅長恰如其分地表達情緒，索性把心事都放在心裡堆積，或者偶爾寫進文字裡。我很羨慕可以喜形於色的人，要哭要笑，都能盡情大鳴大放，而旁人自然能夠清楚知曉，在他們身上發生什麼事情，給關心、給建議、給安慰，或者在背後議論、訕笑，好壞參半。

可是像我們這類人，總是習慣把「沒事」掛在嘴上，把無所謂作為武裝，好像事情笑一笑都沒什麼大不了。**但其實我們只是看起來比較勇敢、好強，不代表我們就不會受傷、不會痛**，可以順理成章地接受所有降臨在我們身上的事。

也許有人會說「誰叫你們自己要偽裝」，但如果我們這樣的人不演了、不藏了，你能想像這世界會有多瘋狂？還是你們每個人都可以保證，能接住所有破碎的靈魂與雜亂無章的情緒？

我沒有要責怪誰的意思，這就是一個選擇，有的人會歇斯底里，有的人選擇保持安靜；有的人哭是在大庭廣眾下聲嘶力竭，有的人則是回到自己的小房間哭掉幾包衛生紙。**但其實我們每個人身上的傷痕、承受的壓力，相差無幾**。

慣性忍耐的人是孤獨的，而我們需要多一些同理心，別擅自做檢傷分類，將看起來沒事的人貼上不用關心的標籤。**每個人的心都會有脆弱的部分，無論張不張揚，都值得一個擁抱。**

P.S.

慣性忍耐情緒的人，都只是比較會說善意的謊言，痛依然難以承受，卻以為這樣做比較成熟。

有的人哭是在大庭廣眾下聲嘶力竭，
有的人則是回到自己的小房間哭掉幾包衛生紙。
但其實我們每個人身上的傷痕、承受的壓力，
相差無幾。

明明你就與眾不同，何必勉強與別人同步

#用不著非得要和誰相提並論
#特別不是原罪

墨守成規可以是種活法，但其實你也有你的魔法，**在循規蹈矩的人生裡，活成自己喜歡的模樣**。

從小到大，雖然我並不是個功課頂尖的人，但至少得過幾次模範生獎，也一直是班級幹部。那時候的我，對於能成為師長們眼中的好學生，還是引以為傲的。但同學阿邦就不一樣了，他用著最低限度的努力，維持考試不要被當掉、不會被記過到退學就好；上課睡覺算是他的標配，服儀不整也是基本。雖然不到學校的頭痛人物，但在升學至上的年代，老師總會私下耳提面命要我別和阿邦學壞了。

可我還是挺喜歡和阿邦玩在一起的。他籃球打得很好，跟他同隊總是勝多敗少；他還很擅長魔術方塊，我可以下課整整十分鐘都看他轉得出神入化；更酷的是，他的書包隨身攜帶小支的螺絲起子和板手之類的工具，不說還以為是哪裡來要逞兇鬥狠的混混，沒想到竟然是他熱衷於修繕物品，從教室的電風扇、同學的腳踏車，甚至我家的音響都被他三兩下給修好。當然最重要的，他是個好相處的人，沒什麼心機也很有義氣，如果有需要他幫忙的時候，他也從未推辭。

有次老師希望我能跟阿邦說一聲，讓他多專注在課業上，而當時聽話的我如實轉達，阿邦只是皺眉地回我：「你怎麼也跟他們一樣，誰說讀書就有飯吃？」後來快畢業前我才知道，原來阿邦因為家境的關係，晚上都還得要去親戚家幫忙賺外快。他不能和其他同學一樣先把書讀好，再決定未來要吃哪行飯；他必須先把錢掙了，才有資格去看向未來。

幾年過去，那些年一同衝刺拚大考的大夥們一腳踏入社會，有的人從月薪兩萬八的基層開始做起，有的人找個月休僅四天的體力活拿到了雙倍的薪資。雖然不知道我們有沒有對得起熬夜寫參考書的日子，但至少有份端得上檯面的工作，能在同學會說上幾句。

結果在隔年的同學會上，我們幾個剛進入社會叢林的小白兔活像個社畜，雖然對於全新的人生體驗感到新鮮，但也有諸多的抱怨和訴苦，於是圍成了一個取暖大會。而姍姍來遲的阿邦看起來神清氣爽，雖然畢業後沒有太常聯絡，只知道他沒再升學，當完兵後便比我們早個幾年被工作荼毒。

「有問題來找我，絕對算你們便宜一點！」阿邦向我們發著剛成立的公司名片，從修理水電到裝潢等等包山包海的業務，旗下還養了幾名員工。明明年紀相同，他身上卻散發著幹練又專業的氣場，對比我們的乳臭未乾，心中除了佩服，也只有滿滿的羨慕。

「有什麼好羨慕的，就是些粗活！」阿邦謙虛地回覆我們的欣羨，說得好像才二十三歲就開公司、月收入數十萬根本不算什麼。但更讓我們望塵莫及的，是他將興趣做成了專業，將專業做成了職業，**沒被教育的制度折斷了翅膀，而是靠雙手，開疆拓土屬於自己的國度**。

成長的路途，會有太多否定的聲音，即使已經習慣被看不起，但每次入耳依然會走心。有的人會因此放棄自己的熱愛，做個所謂「正常的人」，磨平鋒芒，不鶴立雞群，踏著前人合理的腳印前進，將人生過成不讓誰失望卻又極其普通的樣子。只是，**人生不是照本宣科的課本，而是創意無限的小說**，就算不是每個人都能讀懂內容，不代表你的天馬行空就是謬誤。更重要的是，你喜歡這則屬於自己的故事，光是這個理由，你就該繼續書寫下去。**雖然這可能伴隨著風險，但沒有條路是毫無危險的**，至少就算你碰傷了，也都是心甘情願的。

如果只是閒言閒語，那就儘管當作耳邊風吧，可若是善意的建議，在適度的琢磨消化後，相信你會得到具有啟發的結論。只要記得，若你有異於常人的骨骼，就不一定要穿上相同尺寸的制服；**你有別人無法理解的熱情與天賦，就用不著非得要和誰相提並論**。

我很喜歡張國榮的一句歌詞：「**我就是我，是顏色不一樣的煙火**」，既然沒有傷害到誰，那特別就不是原罪，不用和誰一樣，就做自己的榜樣。

P.S.

對於你熱愛的事物，
不需要向誰說服。

就算付出會入不敷出，該付的還是要付

#零碎的失敗無法定義人生
#最差的不過就是徒勞無功

即便看過再多不勞而獲的範例，也不要想著什麼都不做，有一天就會輪到你。

每個人勢必都得有過付出與獲得完全不成比例的經驗，像是學生時期苦讀多年卻沒得到理想的成績，出了社會拚命地工作，成果卻被其他人整碗端走，連傾盡所能地去愛一個人，最後卻都不能善終。

我明白，這種近乎前功盡棄的感覺的確令人喪氣，但有這樣的想法，也是因為我們著重在「結果」，是以目的為導向。**可漫**

長的一生是種投資，一時的漲跌無法決定你資產的厚度，如同這些零碎的失敗，也無法定義你人生的深度。

如果早知道結果會是如何，我們就不需要白費力氣；但換個角度想，就因為我們無法得知結果，所以不顧一切低著頭向前衝，就算最後汗水夾雜了淚水，也都瀟灑地走了一回。而我們也會知曉與成功的距離相差多少，下次就懂得怎麼發力、怎麼計算步伐，**這些經驗不會是你什麼都不做就可以獲得的。**

我是許多人刻板印象裡錙銖必較的金牛座，我得承認以前在某些場合、某些互動中，我腦中會不自覺精打細算起什麼對我比較有利、怎麼做就會吃虧，像是我是否要為沒有下次機會的約會對象付餐費、要不要花大把時間去幫成果與我毫無關係的忙……等諸如此類的算計。

我曾經把我這樣的思路分享給另外一個年紀比我小上不少的金牛座女生，立刻挨了一頓罵：「少在那邊拖金牛座下水。」她說如果是她，該付出的時候還是會付出，因為不想到了我這個年紀，後悔自己當初怎麼不多做一點。她還說，**哪怕就只有多做那麼一點，就比別人有多一點的機會，這才是最不吃虧的如意算盤**。

所以我想，付出就必定要得到收穫的思維已經不合時宜了，因為所謂的收穫，本就不是一時半刻可以定義的。誰能想到今日的蝴蝶振翅，在未來會颳起颶風，你又怎能料到今日做的白工，在將來會用什麼樣的形式與你相逢？

在有限度的前提下，該付出的時候就付出，先別覺得會吃虧，暫且讓子彈飛一會兒。**最差的不過就是徒勞無功，可最好的，足以讓你回味無窮**。

P.S.

當我們選擇付出不再是為了獲得什麼，
那我們就沒什麼好失去的，任何回饋都是賺到。

你不需要有多大的勇敢，只要夠保護自己就好

#你比誰都還要心安理得
#為自己的人生戰鬥就是超級英雄

你若不能為自己挺身而出，那麼任何人都有本事讓你認輸。

每個人都有被誤會過的經驗吧，那種你明明沒有說出口的話，經過幾個人的傳遞後，就成了令人厭惡的小動作。我曾在某個職場上，被最要好的同事心生嫌隙，即使我從未有傷害誰的舉動，但在工作領域上只要有些微的理念不合，就可以讓幾個人在茶水間組成一個小團體，指責你從沒有過的想法、扭曲你的一舉一動。

我試圖解釋，而且照我們的交情，怎麼會需要走到這步？但我

誤會了，因為討厭了就是討厭了，如果不繼續討厭下去，那有錯的就是他們。所以**眾口鑠金，是非對錯沒那麼重要，他們要的不過就是人多勢眾後，我的服輸**。

我承認那段時間我真的輸了，輸了多年同事情誼，輸了我愉快的心情，輸了我從此得適應舉步維艱的辦公環境，那時候我便明白什麼叫百口莫辯。我當時也因為工作上的低潮，養了兩隻可愛的貓來陪伴自己。而後來我依然勤勤懇懇地做好我的本分，直到那些人陸續離職，接著又入職了幾位我直到現在還能時常約出來的好同事，這又是另外一個從谷底爬上來的美好故事了。

這世界傷人的事情太多，即便你從來就無意招惹，甚至也不需要理由，就會有人帶著令你匪夷所思的惡意，直接或間接地對你無差別攻擊。你不去反駁，他們會變本加厲；你故作堅強，他們會說你默認一切；你拍桌反擊，他們又能名正言順地找了個藉口欲加之罪。

於是回過頭看，那些此起彼落的質疑、偏見與冷不防的傷害，就像你躲不過的驟雨，即使在屋簷下也免不了被波及。只憑一張嘴、一雙手，也辦不到呼風喚雨，**你阻止不了無中生有，杜不了悠悠之口，那你能做的，可以是選擇撐把好傘、待在能擋風遮雨的角落**。畢竟逃避並不可恥，有用就好；或者，無視大雨滂沱，就去淋得一身快活，不用去為誰證明什麼，因為你比誰都還要心安理得。

無論你選擇什麼樣的方法面對槍林彈雨，**最終的目的都是保護好自己，也許會受點皮肉傷，但都不准讓誰傷害你的靈魂和內心**。萬一走心，也要借自己的勇氣學著釋懷、看淡，最後一笑置之那些小孩子的把戲，而你也會因為度過一次次的難題而更加茁壯堅強，也才會有餘裕去幫助以及保護其他你在意的人。為自己好好活著吧，那是你唯一的使命。你不用為整座花園澆水，只要照顧好你這朵玫瑰，不讓他傷心流眼淚。不用拯救世界，只要為自己的人生捍衛，你也可以是超級英雄。

P.S.

或許躲不了的刀光劍影會使你受傷，
但真正讓你萬劫不復的，是你選擇任人宰割舉手投降。

別為了經營良好形象，活在虛假的人設裡

#戴上合適的面具
#讓面具成為自己

給別人留下好印象，自然是很吃香，但如果你不能努力成為你渴望的模樣，遲早會露出馬腳。

前陣子有許多名人的黑歷史遭起底，鬧得滿城風雨，有的是過往犯下不為人知的錯誤，即便已金盆洗手也洗不掉尚未贖罪的惡臭；有的則是長年保持良好表象，看似道貌岸然或受人追捧，但實質卻不珍惜羽毛，搞出些仗勢欺人或假借好形象來獲取不當利益等破事。雖然早有耳聞許多名人、網紅在檯面上與檯面下是兩樣情，但在東窗事發後還是會感到大吃一驚。

然而，在這人人都能透過社群博得關注的時代，**即便是再平凡不過的普通人，也會處心積慮地營造出虛偽的人生**。最近我才偶然發現算是點頭之交的友人，不僅會到處蹭各大品牌的記者會，假裝是受邀參加、放上名人合照時會模擬得十分熟絡，塑造人脈廣闊的形象。更誇張的是，他會四處去拍攝其他人的禮物、鮮花，全部都當成是別人的贈予，若不是現實生活中認識他，誰也想不到一個沒沒無名的人，在網路世界能一躍成名流。可有趣的是，他確實也因此認識了同溫層的人，還得到了些品牌的關注，彷彿就像電影《神鬼交鋒》裡的主角，用著堪稱藝術的騙術，得到渴望的利益。但電影的結局我們都曉得，**再仿真的騙局終會走投無路，因為不是你的終究不是你的，如同那些虛華的人設，隨時一戳就破**。

我非常認同保持良好形象的重要性，無論在日常、職場上都是把萬用的工具，能得到信任、能展現專業，以及人際關係中成為討人喜歡的模樣，進而獲得更多的資源等等。但形象就好比是一間預售屋，我們先展示一個美麗的藍圖與成果供眾人欣賞，雖然尚未完工，但已經在興建的路上，**大多數人都可以接受實物和理想有少許落差，但絕不會認同偷工減料是理所應當的事情**。

所以，憑空捏造出一個與真實的你關聯薄弱的樣貌，卻不懂得維護與補強，為快速獲得的利益沾沾自喜，總有一天會用不可思議的速度崩塌。

如果生活真的得逼你戴上面具，希望你能選個合身舒適的款式，不為虛無縹渺的名利，而是盡力讓這張面具，成為真正的自己。

P.S.

有本事就裝一輩子，否則請接受你真正的樣子。

寂寞感是填不滿的窟窿，但其實你已經擁有很多很多

#照本宣科的人生驅趕不了寂寞
#專注在最重要的事情

這世界上有一種徒勞無功，就是不斷地往內心的寂寞補充，當你沒有看清楚源頭的破洞，塞再多都是塘塞，吞再多都是囫圇吞棗。

寂寞是種很難定義的感受，通常在一個人的時候感覺最強烈，但其實就算身邊有人陪、埋首於工作，把行事曆上的空白全填上行程，該寂寞的時候，你怎麼逃也逃不了。

我總認為日新月異的科技，是為了替人類趕走孤獨的。發明了電子產品、遊戲，數不盡的交友軟體，和可以帶我們到更遠地

方的交通工具，結果二十四小時都快不夠用了，我們的內心卻變得更加空虛。還有人認為，不如全心全意地在職場裡狂奔，用大量的辛勞與成就感，好不讓自己有時間孤單。再不然就找個人作伴，最好共組家庭、養兒育女，看起來幸福的模樣，或許就能讓人忘卻寂寞的存在。

而後來我們終將會認清，**無論是在什麼狀態、什麼樣的身分，寂寞都是一頭餵不飽的獸**。尤其當我們越想要拿消遣搪塞，或照著別人建議去做那些好像有用、卻與內心違背的事情，旁人看還以為我們的生活豐富如宇宙，但只有自己清楚，有個名為寂寞的黑洞不斷吞噬著快樂。

原來，那種迎面而來的寂寞感，**出自於我們根本不知道自己要什麼**，就算將他人的人生照本宣科，還是會感到心虛，彷彿長長的道路上，只有你自己一個人在過著不知所云的人生。

就像我們背了一大堆的數學公式，結果買東西時還是拿出計算機按著加減乘除，所以當初熬了好幾個夜苦讀是為了什麼？我們好不容易得到一份好工作，賺了還不錯的薪水，結果犧牲了生活品質與健康，這麼拚是為了什麼？我們有跑不完的聚會和應酬，結交數以百計的點頭之交，結果在最難過的時候找不到一個人能訴苦，那每場局裡的談笑風生又算是什麼？**雖然不見得每件事情都要有意義，但至少也不能漫無目的**。

蔡健雅唱的那句「人類的心是個無底洞」，指的並不是貪婪，而是我們百般嘗試，卻怎麼樣都試不出最理想的結果。或許我們永遠都得要在不同的狀態下與空虛寂寞共存，畢竟我們想要的很多，有填不飽的胃口。但與其去追求那座難以到達的理想國，**不如將鏡頭拉近，先看清楚自己已經擁有了什麼**。

裝不下的衣櫃，其實常穿的衣服就那幾件；已達上限的好友數量，真正交心的也就那幾個；洋洋灑灑的待辦事項，你有沒有放入最基本的事——**陪伴親近的人，以及與自己對話的空間呢？**

也許你會發現，當你將人生專注在那些最重要的事情，那麼要擔心的就不是空虛，而是能不能再多擁有一點時間，好去完滿這可貴的一生。

P.S.

當你能從林林總總的人生選項裡，撈出能讓你心滿意足的答案，不管最後有沒有開出最美的花朵，至少快樂會大於寂寞。

想做的事情可以很多，但一輩子能做好一件事就夠了

#別迷失在成就的迷思
#找到一件事持之以恆

人生不需要汲汲營營地追尋難以企及的遠方，只要為你熱愛的一生嚮往。

劇場大師李國修曾說過一句讓我聽一次就忘不了的話：「人一輩子能做好一件事就功德圓滿了。」而他窮極一生只想做好「開門、上台、演戲」這件事情。很顯然地，他不僅完成對自己的承諾，也樹立了無法取代的地位。

做好一件事，並非要你把人生都押寶在某一件事情上，而是當你觸碰到各式各樣的領域時，能找到一件願意持之以恆鑽研、

打磨，從中不斷挖掘樂趣與進步的事；最重要的是，找到能永遠保持熱忱的志業。**那不一定非得是個豐功偉業，但它必須能賦予你熱情與成就感**，你無須向他人誇耀你能做得多好，而別人自動會將你與這件事情連結。

我的母親二十三歲便成了家庭主婦，一做就是一輩子，她時常怨嘆自己一生沒有才能和夢想，沒有辦法像其他女性在職場獲得成就，或是享受自己的人生，為此她總沒有自信。但在我眼裡，她用數十年的青春完美詮釋了「母親」的角色，沒有她便沒有這個家，更沒有任何人能夠取代她。是她親自向我示範，什麼是「**一輩子能做好一件事便功德圓滿**」，即便她不知道自己有多好，可我全部都知道。

我想，我們時常會迷失在成就的迷思裡，好像非得要羅列出洋洋灑灑的人生清單，才稱得上不枉此生。於是為了把履歷填滿、為了不落於人後而庸庸碌碌地度日，**看似豐富而精采的經歷不過就是紙上談兵，或許騙得了別人，但騙不過自己。**

不用去變出三頭六臂讓自己看起來十項全能，也不貪戀文武雙全的虛名，你要做的，是要先找到一件事情，可以是喜好、興趣，抑或是專業、責任，並為了它全神貫注且樂此不疲。

也許這會讓你發光發熱，也或許不會，無論如何，只願流淌在你血液裡的炙熱，永不熄滅。

P.S.

也許做不到才華洋溢，但若有件事你能做到他人難以取代，這樣的成就足矣。

人生不需要汲汲營營地追尋
難以企及的遠方，
只要為你熱愛的一生嚮往。

找到一件願意持之以恆地鑽研、打磨，
從中不斷挖掘樂趣與進步的事。

沒有眾人的欣賞，你也能自顧自地漂亮

#他人喜不喜歡都是其次
#自己開心最重要

美有很多種，且各有各的觀眾，不用去迎合每個人的眼光。**就算是孤芳自賞，你自己開心才最重要**。

大學的時候，隔壁班有個女生Z，喜歡把自己打扮成二次元的動漫人物，戴上鮮豔的假髮、誇張的瞳孔放大片，還穿著蓬蓬裙來上課，同學都議論著她是個怪人。她五官長得可愛，異性緣也很不錯，只不過，女生們更因此用很難聽的形容詞為她貼上標籤。後來和她認識是在某一堂課上，她遲到而匆匆跑進教室，坐在我隔壁，並詢問我有沒有老師先前上課的筆記，我這才發現，原來大家口中的怪人，其實比我們都還要認真。

我得承認，和她接觸以前，我也戴著有色的眼鏡，信過流言蜚語，但我很快就明白，她其實什麼都沒做，只是打扮成自己喜歡的樣子，卻挨得滿身的炮火攻擊，甚至我不過就和她多說上兩句，也能引來別人側目。我才知曉，原來喜歡著一件其他人都不懂的興趣，竟得背負如此大的偏見，明明是快樂的來源，卻莫名連別人給的痛苦也要一併嚥下。

她曾和我說，自己從小家庭就沒有溫暖，加上不擅長交際，所以也沒有幾個朋友。直到她走入了二次元的世界，才找到心靈的歸屬感。她看過輕蔑的眼神，也聽過別人怎麼粗暴地評論她，讓她回到家常哭著將一身華服脫下。她還說，自己不只一次想過消失在這世界上，畢竟一個別人眼中的怪胎，不見了對誰都沒差。後來，她漸漸在網路上結交到同好，感受到自己不是孤獨的，雖然在日常生活裡仍還找不到自在的方法，但至少有地方可以取暖。「我當然知道不要去聽、不要去管別人怎麼說，可是如果我能選擇，我會更希望所有的人都不要管我。」她說。

不知道為什麼，我很想代替所有曾對她不懷善意的人，和她說聲抱歉。**沒有誰應該要為自己內心所熱愛的、無害的興趣，接受他人的指指點點**。

從五官到身材，從打扮到品味，人們太擅長光憑外貌，就蓋棺論定你是個什麼樣的人。甚至就算你有才華、有很好的頭腦，可若不善於交際，也可能會被排擠攻擊。很多時候，我們無法自由追逐自己想成為的樣子，但就算隱沒在人群裡，隨波逐流做個平庸不起眼的人，也未必是自己喜愛的模樣。

所以有沒有發現，**無論你有著什麼樣的姿態，終究無法取悅所有人，唯獨討自己歡心，才是最簡單且應該做的事情**。你沒有辦法控制別人如何議論你，但你能站在鏡子面前，給自己一個滿意的笑容，那就算有千軍萬馬，你也可以成為以一擋百的英雄。你先喜歡自己了，其他人喜不喜歡你都是其次。又或許你對自己打從心底的自信，會讓你像一首起初聽不慣，後來卻會跟著哼的歌曲，吸引相同頻率的人靠近。記住自己的可愛，你會選擇成為這樣的人都是有原因的，無須向任何人交代。不是每一齣戲都能雅俗共賞，至少你懂得什麼才最精采。

記得，你該活得像花園裡的任何一朵花，**不為誰綻放，只為自己漂亮**。

P.S.

很多人都把「孤芳自賞」當作貶抑詞，但若你連「自賞」都做不到，這才是最孤獨的一件事情。

人生不用硬撐，辛苦不用硬吞

#分辨好人的責任
#偶爾當個局外人

我們的骨子裡都有好強，但偶爾尋求幫忙，又不代表投降。

我聽膩了「能者多勞」，無論是別人給的嘉勉，或者自我安慰，**就算你有多大的本事與多刻苦耐勞的意志，堆砌在你身上的負擔還是要點到為止**。

你可以幫人，也可以不幫；你可以尋求協助，或者兩手一攤說沒辦法。我明白你不好意思麻煩別人、不想看到別人拒絕幫你時尷尬的神情；相反地，你也不好意思拒絕別人、不想看到對方失落的表情。但你要記得，**一切的前提都在於「量力而為」**。

別把自己累得半死，或是硬扛下來卻沒做好，反而惹得別人嫌惡與一身麻煩，那還不如從一開始就做個局外人。有時候逃避真的不可恥，而且非常有用。

你不需要總是成為辦公室最後走的那位，不用老是在任何一段關係裡承擔大部分的負累，無須因為自己做不到而覺得慚愧，更別把所有煩惱的事情全部放在心裡，一個人流眼淚。

你是好人，但不是濫好人，不需要把別人的要求全盤接收；**你有能力，但你要更懂得借力使力，不去為難自己，才是真正負責任的人**。

P.S.

沒有太多非你不可的事情，所以做不到也沒關係，人生很累，你永遠都有隨時喊停的資格。

關於—— #成長

輯二

想去的地方就是唯一的目標

相信命運，不代表只能順其自然

#多做些什麼就有機會
#為自己創造夢想成真的底氣

我們習慣將自己掌控不了的事情交付給命運，但命運本身也是不負責任的，在它們舉棋不定的時候，又會把決定權丟回我們手裡。

不知道從什麼時候開始，我們習慣將那些想得卻得不到的一切，都推託給「無緣」。像是一種自我安慰，告訴自己只是缺了運氣和緣分，而這些都是我們不可控的因素，所以只管嘆氣和怨懟命運造化弄人，接著繼續理直氣壯地做個看天吃飯的凡夫俗子。

可我總認為，**習慣望洋興嘆然後兩手一攤，就像把人生每個重要的決定，都扔進亂數抽取的摸彩箱裡**。說什麼「得知我幸不得我命」，不過就是放棄了努力，即便透進了一絲曙光，也會被你不疾不徐地拉上窗簾，繼續待在暗室裡等下一個天亮，或者永夜的宣告，半點都由不得自己。

但你有沒有想過一種可能，就算我們都拿著相同概率的彩券，在投入摸彩箱前揉出個皺褶，摸起來的手感不同，機率也就要重新計算了。無論在那一瞬之間機率是變高還是變低，都是一種變數，**而我們付出努力、拚到最後一刻，要的就是靠自己的雙手和策略，將所有的身不由己，變得有那麼一點人為的痕跡；**讓命運不再主宰一切，讓你對自己的人生有話語權。

與其剝著花瓣，呢喃著「他愛我、他不愛我」，不如拿一朵花到他面前，坦誠自己的心意；與其每天和誰擦肩而過，不如先點個頭、打個招呼，彼此便有了交集；與其低著頭拚命工作，期望會遇見如伯樂的主管，不如有條不紊地將自己的付出和貢獻，在適當的場合主動展現。

雖然最終能不能得到渴望的結果，說到底還是需要緣分，但至少我們不會再被「順其自然」四個字給綁架。**就因為做了可大可小的改變，才能在微乎其微中多了那麼一點機會**，才有可能在萬念俱灰中又燃起火焰。哪怕最後命運依舊要我們舉白旗投降，也都能心甘情願。

P.S.

無論你是相信「三分天註定七分靠打拚」，還是緣起緣滅都是宿命，過程中只要你願意多做點什麼，你就比原地站著不動的自己，多了幾分夢想成真的底氣。

就算我們都拿著相同概率的彩券，
在投入摸彩箱前揉出個皺褶，
摸起來的手感不同，
機率也就要重新計算了。

讓命運不再主宰一切，
讓你對自己的人生有話語權。

成功不是巧合，是你的努力才帶你走到這

#試著慢慢累積自信
#不要把自己放在比較的天平

如果你覺得自己配不上別人的稱讚，那可就辜負了你的天賦與一路以來的努力。

我其實有很嚴重的「冒牌者症候群」，也就是任何人對我的誇獎，我都會下意識地貶低自己，然後急著否定他人的讚許。這不是謙虛，而是我打從心底覺得，自己配不上別人的掌聲和崇拜的眼神。

後來出了幾本書，累積了一些讀者，他們會傳訊息告訴我，我是如何用文字拯救他們的。我除了感謝，更完全不敢居功，而

是告訴每一個人「都是你們自己幫助了自己的」，我只是恰巧書寫了些什麼，讓當事者覺得被理解、被撫慰，這些都與我沒有直接的關係；得到眾人的謝意，反而會讓我內心覺得不踏實，像是收下一份不屬於我的禮物。

而我身邊有些朋友，會突然向其他人介紹我「作家」的身分，當下我又會坐立難安，連忙否認這些虛名，甚至會和朋友嘔氣，沒事幹嘛提起，然後看著朋友一臉狐疑以及像是做錯什麼事的表情，這時我又會反省自己何必大驚小怪。

以上的片段時不時會在我的日常中上演。我知道我一直以來都沒有什麼自信，甚至有點自卑，渴望有什麼成績，又畏懼成為別人眼中的焦點，所以反反覆覆地讓自己待在一個不上不下的尷尬位置。簡而言之，我從來不覺得自己能夠出類拔萃，但求不要拉低水平，別去扯誰後腿。

直到我身邊有名摯友，在網路書寫文字嶄露頭角，他的觀點與視角漸漸產生影響力，他的才華更是閃閃發亮到快速累積大量的人氣。然而，私底下的他卻始終看不起自己，當我獻上祝福與稱讚時，他仍反覆推辭，不斷地自我懷疑。正當我認為自己所言沒有半句虛假，疑惑他為什麼還要這樣看待自己時，他向我坦承他有著嚴重的「冒牌者症候群」，仍持續努力克服著。而我像是在水中看見我的倒影，忽然明白無法自我接納、不斷自我批判是怎麼一回事。

我開始反省，**為何總是覺得自己不夠好？很大一部分來自於「比較」**。我會把自己的成績，無差別地放在相同領域的天平上，就像我會拿自己短跑的數據，與奧運短跑選手比較，相互對照之下就會覺得自己渺小。這聽來可笑，若有人向我如此提起，我也必然會覺得對方想太多。可我就是會不自覺地用這樣的方式來貶低自己，美其名是保持謙虛，實則是認為自己那所謂的成就，壓根配不上任何的讚許。

於是我開始心疼自己，明明犧牲了這麼多時間、花大把的精力鑽研，即便仍與更優秀的人相去甚遠又如何？那都是我竭盡所能的結果，**像是整片花海裡的每一朵花，各自盛開、各自美麗，雖然不是第一，但我沒有給自己漏氣。**

也許未來我還是無法理所當然地收下所有的讚賞，但我會珍惜每一個善意的支持，如同我對他人的佩服也都是真誠的，沒道理要將他人拒於門外。我會在心裡慢慢將自信積累，堆成一座小山，**當我付出**

了努力與堅持攀爬向上，無論是好的或壞的反饋，都成了一路上值得收藏的風景。對得起他人的期待，也對得住沒有放棄的自己。

P.S.

自信但不自負，謙虛但不自貶，這才是用心努力過後該有的樣子。

明明犧牲了這麼多時間、
花大把的精力鑽研，
即便仍與更優秀的人相去甚遠又如何？

如果你覺得自己配不上別人的稱讚，
那可就辜負了你的天賦與一路以來的努力。

只有想或不想，沒有「時候到了」

#跟隨自己的心意
#想去的地方就是唯一的目標

記得，你做的每一個決定，都必須無愧於心。

人生中會遇到太多的交叉路口，放置著倒數計時的沙漏，還會有許多旁人的催促與叫喊聲，躁動著你的焦急與惶恐。也許這次錯過，就再也沒有這麼好的機會；也許這次拒絕，就得要告別青春最後的黃金歲月。

可是在沙漏最後一粒沙落下前，你倉促地做了一個沒有反覆確認自己心意的決定，然後呢？

你可能開始發現往後的路，跟你想像中不太一樣；你可能會把「早知道」三個字時常掛在嘴上；你甚至可能終其一生為這莽撞的念頭遺憾不已。結果呢？**時間照樣在走，那些吃瓜群眾早已走得人去樓空，而最終需要為這一念之間負責的，只有你自己而已**。

也許事實並沒有那麼危言聳聽，只希望你能跟隨自己的心意，沒必要因為外界的聲音就自亂了陣腳。即便最終你沒搭上那班公車，沒能成為同路的乘客，但至少你對於自己的選擇感到心安理得。

林徽音寫過一句話：「許多人都做了歲月的奴，匆匆地跟在時光背後，忘記自己當初想要追求的是什麼，如今得到的又是什麼。」

你只有「想去」的地方，沒有「該去」的地方，因為你後來都會明白，等你校準好錶上的時間，就算遲點出發，沿途仍然也會有屬於你的奼紫嫣紅。

P.S.

人生的時間度量沒有準時也沒有遲到，只有一生。只要你想，什麼時候都來得及。

即便最終你沒搭上那班公車，
沒能成為同路的乘客，
但至少你對於自己的選擇感到心安理得。

改變未必會變得更好，但重要的是能幫助你踏出泥淖

#不上不下才是人生困局
#此時的舒服可能會引來日後的疼痛

我們太常把原地踏步當作舒適圈，卻不曾想過跨出後，也許是從未見過的碧海藍天。

我得承認自己是一個不喜歡變動的金牛座，無論是好的或壞的變化，我總是難以消化。別人常說「別待在舒適圈」，但說真的，我並不覺得自己待的地方有多舒適，只是尚可接受，我也就得過且過。說到這，很多人知道我三十歲還沒出過國後感到相當驚訝，除了某些陰錯陽差的原因，我也並不是個太熱衷於旅遊的人，沒有出國的日子過著過著，也就來到了三字頭的歲數。後來，和朋友規畫了一場日本行，我內心竟也沒有熱烈的

期待，更像只是要來完成人生清單的其中一項而已。但我錯了，而且錯得離譜，我狂熱於旅程中的一切，日本的美好更是我不想醒來的夢；回國後我久久無法收心，滿心期待下一次的出國旅行。

我深深反省對於舒適圈的定義，那些總覺得無需大費周章改變的事情，往往都是一扇沒推開的門，或許不影響平常的出入，就讓它靜靜地關著，**但也許那扇門後的世界，會是我們相見恨晚的美景，抑或是走向幸福快樂的捷徑**。當然也不排除有更壞的可能，但無論如何，若我們終究安逸於原狀，不去主動嘗試改變，也就永遠無從得知生命的體驗，到哪裡才是極限。

其實過得不上不下、不好不壞，是人生最大的困局。困局並不是不好，更準確來說，是我們不知道什麼算好、什麼算壞。

我們一定都會有那種，你知道他在那段感情裡過得不好，可是怎麼勸他都不會輕易說分手的朋友。他能有洋洋灑灑的抱怨，卻沒有一個願意離開的理由，即便他知道對方不好，但也怕之後遇不到更好的人，如此矛盾又牴觸的想法，就是活生生的例子。**和幸福沾不上邊，但也和痛苦還有段距離，索性就裹足不前地揮霍青春，還以為這樣就是人生**。

你恐懼未知，所以將日常的不適感當作習以為常，就像坐姿不良慣了，此時此刻的舒服不是舒服，往後的疼痛更會讓你悔不當初。

我們都聽過溫水煮青蛙的故事，然而近代科學研究早已證實，當水溫到了一定程度後，青蛙絕不會坐以待斃。被誤解幾百年的青蛙都知道改變了，那你呢？在無關生死的選擇中，你有沒有躍出溫水的勇氣？

在你過得不怎麼樣的人生裡，別害怕做了錯誤決定。**你真正要怕的，是你在有選擇的時候，沒有為自己勇敢一次而後悔。**

P.S.

不必改變的前提是你真的過得自在開心，否則為困頓又百無聊賴的生活做點變化，那才是走入舒適圈。

成功需要努力與運氣，但成就需要的是自律

#讓自律成為肌肉記憶
#不再縱容自己虛度光陰

說來慚愧，我並不是一個特別自律的人，否則我就不會在截稿日期前，還沒把這本書寫完。扯遠了。

要我定義成功與成就的差異，大概就像是我可以成功考到幾次滿分的成績，但如果要達到第一名畢業的成就，沒有持之以恆地學習便辦不到。

我身邊有許多正在創業的朋友，他們夢想著能自己當老闆，就再也不用領著死薪水、看別人的臉色工作；認為脫離「受薪」階級，才更有機會達到「致富」，以及自由的空間與時間，不

用再做個庸庸碌碌的「社畜」。

身為上班族的我，非常羨慕與肯定他們的勇氣與決心，直到我把這想法分享給某位知名品牌創辦人的忘年友人。他搖了搖頭認為我只說對了一部分，再套個年輕人很流行的話語：「想像很豐滿，現實很骨感」。

「創業，是失去自由的開始。」他說自己一開始幾乎是二十四小時待命，不僅從上到下都要瞭若指掌，要想、要做還要經歷無數次的徒勞；個性要改、身段要軟，重點還要「任勞任怨」，不能怪同事、嫌老闆，**一切的成敗都只與自己有關**。直到花光運氣、熬過日以繼夜的努力，終於發現有了些許成績，人人開始會祝賀「創業成功」，但他看到的不是萬里無雲，而是連綿不絕的山巒，絲毫沒有喘口氣的餘地，只能繼續硬著頭皮堅持下去。

「如今我在別人眼中算是小有成就，**靠的不是漫無目的的努力，不是東拼西湊別人的經驗，而是自律。**」他不用打卡，但每天準時七點起床看國際新聞與商業消息，八點上班後花一個小時檢視每日報表；為了保持健康與體力，中午都會到公司樓下的健身房報到；下午會將行程排滿，一分鐘都不浪費，只為了在晚上七點到家和家人一起吃飯。這樣的行事曆他一做就是十幾年，看起來像是機械式的人生，但其實充實得不得了，不僅事業與家庭都兼顧，而且樂在其中。「只要我當天能這樣度過，就是成功的一天。**無數個成功的一天，最後就會堆砌成我現在的成就。**」他這麼和我說。

我忽然明白自己與理想中的成就，相隔多少的距離，我該死的惰性、拖延症反映著我平淡無奇的人生。但他安慰我，他是在三十五歲時才養成自律的態度，甚至不該用「養成」這字眼，**而是當他發現只要這麼做，事情就會變得容易許多，於是逐步**

微調生活節奏，自然而然就會有這樣的肌肉記憶。

我在手機下載了備忘錄、行事曆APP，來告別總是隨遇而安的自己。我希望同樣的二十四個小時，體感上能更久、塞進更多的事情。我尚且不敢說正朝著自律的生活邁進，**但不再縱容自己虛度光陰，輕易地對自己說「改天」、「沒關係」**，或許正是邁向理想的開始。

P.S.

一般人只是想做的事情很多，但自律的人，會創造更多的餘裕去做想做的事情。

人生就是不斷打臉自己的過程，可最後我們都會做出最好的選擇

#即使被打臉也是人生的軌跡
#怕的是沒有勇氣推翻錯誤

經歷的積累，會使我們不斷推翻曾經的好惡，別人或許會誤以為這是善變，**但只有我們清楚，這是成長的軌跡**。

我想我們每個人都曾撂下過大話，像是「絕對」、「一定」這類肯定句，或是斬釘截鐵地將自己的喜好和偏見，輕易地劃分南北界線，並宣示般地讓周圍的人知曉，譬如「我最喜歡……」、「我無法接受……」。說出來的當下，多少有種莫名的成就感，好比當他人還在左右為難著回答問題，你已經提早交卷，那充滿自信的主張，哪裡想得到在未來會成為一個又一個的巴掌，打在自己臉上。

還記得曾參加過一場國小同學的婚禮，新娘是班上最兇的女孩，新郎是我們男生的孩子王。小時候男生女生吵吵鬧鬧是自然，常聽他們互相鬥嘴「你這男人婆，小心嫁不出去」、「你才幼稚鬼，找不到老婆」，然後就會有人起鬨「你們乾脆以後結婚好了」，想當然兩人又是作噁又異口同聲地說「誰要跟他結婚！」誰能想到，在大學畢業後的同學會裡兩人重新聯繫上，不再童稚的他們在若干年後，一同粉碎曾說過的童言童語，步入了婚姻。

我不曉得小時候的他們，是真的厭惡彼此還是口是心非，或許連他們回想當初也摸不著頭緒，但我很確定的是，無論我們到了幾歲，都曾懵懂地發過很蠢的誓、做過很傻的決定，但這也無妨，**怕的只是我們明知道那些都是錯誤的，卻沒有推翻的勇氣**。

我的國中同學寶哥，父親在傳統市場經營一家菜攤，而當時同儕都用「賣菜的兒子」稱呼他。吃營養午餐的時候，會有人端著便當問「這是不是你爸種的」，若發現菜上有菜蟲，大家就會將其取名為寶哥的名字。諸如此類與蔬菜有關的玩笑話充斥在寶哥的耳裡，使得他對於父親的職業感到羞愧。他曾說，自己打死都不會接父業，什麼辛苦、賺多少錢都先不提，他不願自己的孩子未來被同學恥笑，也要為自己從小被欺凌的日子，向父親無聲地抗議。

後來突如其來的疫情，讓他的父親不僅生意大受影響，也因染疫後身體大不如前，加上積勞成疾，無法繼續在市場上宏亮地叫賣。沒想到寶哥毅然決然地辭去上班族的工作，返鄉接下販菜的事業，透過父親的人脈與資源，將新鮮蔬果轉型至網路行銷宅配。而他名片上的抬頭，不是老闆、不是ＣＥＯ，而是「賣菜的兒子」。去年過年，我向他訂一箱蔬菜，順道損了他「不是說打死不賣菜嗎？」他笑著和我說：「我爸差點就走了，我的心也幾乎死了一遍。其實我早就後悔以前不懂事，只是拉不下臉，這場疫情也算是老天給我彌補遺憾的機會。」他說這句話的時候差點說哭了我，只好又跟他多訂一箱蔬菜分送給親友了。

很多時候我們心趕不上嘴，話雖然說得硬，可我們的心是柔軟的。每一次的反省、變故以及成長，都給了我們人生不一樣的靈感。所以，如果不能學會不隨意地誇下海口，至少也要有被現實不斷打臉的承受力；即使我們被過去的錯誤判斷打得鼻青臉

腫，但後來的我們懂得認了、改變了，於是進化成更好的人。就像挨了幾記電影《唐伯虎點秋香》裡的「還我漂漂拳」，**我們都會變成更理想的樣子，驀然回首，拾起曾被扔掉的選擇，再給自己一次機會，做出一生絕不後悔的決定。**

P.S.

承認自己做錯了決定，從來就不是件丟臉的事情，也只有當你對自己誠實，這份勇氣才會帶你去更理想的未來。

無論我們到了幾歲，
都曾懵懂地發過很蠢的誓、做過很傻的決定，
但這也無妨，
怕的只是我們明知道那些都是錯誤的，
卻沒有推翻的勇氣。

持續保持飢餓，才能吃進更多的理想

#不輕易感到滿足
#踏實感會使你的生命富麗堂皇

當你只想要一餐的吃飽喝足，而別人正飢腸轆轆地尋找下一個獵物，這樣的差別便拉開了你們與理想的距離。

我們都只是一般的人，每一次的起心動念並沒有多麼宏偉的理想，所以總需要動力來驅使自己前進，這並不是什麼羞於見人的事實。認真讀書是為了獲取高分、拿到更好的文憑；為工作打拚，賺取更多的薪水與成就感；去追求心儀的對象，只為得到良人相伴。或許看起來都有點目的導向，但這並不代表我們不享受過程；重要的是，**那個讓我們決定捲起袖子、起身前行的動力，與不放棄的熱情與決心，都來自於我們對結果，擁有**

的強烈期待與饑渴。

填飽肚子是我們與生俱來的本能，能吃一頓酒足飯飽更是一大樂事，但就好比我選擇運動瘦身、平日沒有聚會時便減量且吃得營養些，美其名是為了健康和體態，但其實我更希望在保持健康的前提下，可以吃進更多的美食。人生也是如此，**七分飽的日常，才能避免活得腦滿腸肥**，才能讓期待激發動力，保留餘裕去品嘗新的事物，去完成更多想做的事情，並在達到每個里程碑時放大幸福感。

如果過度安於現狀，沒想過如何繼續更新與補充，總有一天會坐吃山空。讓自己的生活隨時保有飢餓感，**不輕易感到滿足，你就會理解，原來那些你曾經以為做不到的事情，都只是畫地自限。**

知足可以是美德，就像找間麻雀雖小五臟俱全的小套房安身立命，那也是一種安全、可行性又高的選擇。但如果你想要的遠遠不僅如此，那就把步伐邁大，把夢想放大，即便最終你未必能住進理想中的豪宅別墅，但每個打拚的瞬間都是親手建築的過程，**那份沒有怠惰且親力親為的踏實感，都會使你的生命富麗堂皇**。

理想在你抵達以前是片沒有盡頭的荒原，你儘管滿懷飢餓地開墾，期待來年的結實纍纍，豐富你的生命，餵飽你的靈魂。

P.S.

不要只是因為值得才要做，其實在你鍥而不捨地追逐夢想時，每個碎片都是值得的。

七分飽的日常，
才能讓期待激發動力，保留餘裕去品嘗新的事物，
並在達到每個里程碑時放大幸福感。

最好的答案只有一個，就是你想過卻不敢做的那個

#其實你都知道答案
#不要再欺騙自己從未想過

因為恐懼，我們錯失了多少寶貴的體驗，當別人問起「你為什麼沒有試過」時，只能啞口無言。

開始寫作後偶爾會收到私訊，大多數人會先描述自己的故事、發生什麼變故，而最後則希望我能給出建議、方法，或者是答案。老實說，我覺得他們都找錯人了，畢竟我也是在生活上、感情上不斷磕碰的人，就算古人說「三折肱為良醫」，我能寫出療癒的文字、闡述我個人的想法，也不代表我能在他人心碎危難之際，做一盞明燈，為其指手畫腳地做決定。尤其每個人當下的情緒我尚且無法完全體會，任何輕描淡寫的回覆，我自

己都感到心虛，不過要我袖手旁觀，我也於心不忍。

於是我開始思考，如果我是當事人，會想從別人身上得到什麼答案？

記得小時候有次和家人走散迷了路，我只是站在原地低頭，想哭但都不敢哭，甚至擔心被別人察覺還故作鎮靜。忘記就這樣站了多久的時間，腦中閃過無數個可能性，會不會家人不要我了？還是我的照片會被貼在走失兒童的布告上？等等會不會有壞人把我抓走？我要不要找人幫忙？直到有個姐姐蹲下來對我說：「你怎麼一個人？」我才瞬間潰堤，坦承自己走丟了，怎麼辦？後來她牽著我走到服務台，不一會兒家人便找到我了。

這段經歷曾是我的陰影，可長大後我時常想起，如果當時沒有那個姐姐，我會發生什麼事情？明明我可以向人求助，為什麼我卻什麼都沒做？也因如此，後來好幾次在我找不到辦法時，我會想起那雙伸向我的手，告訴我該呼救的時候要呼救，而看見有人需要幫忙的時候我也不該退縮；**我會想起我應該要放大檢視在心裡打轉很久的可能性，也許那就是最好的選擇**。

股神巴菲特曾說過：「做你沒做過的事情叫成長，做你不願意做的事情叫改變，做你不敢做的事情叫突破。」我想，如果你試過各種方法，卻仍陷在一個怎麼爬都爬不出的惡性迴圈裡，那會不會有一個解決之道，其實是你知我知，但卻沒有勇氣跨出去的那一步呢？

在錯誤的關係裡掙扎，分手難道不是個好方法？明知道是誤會，卻走上老死不相往來的路途，怎麼就不拋下無用的面子去修補？心裡有個亟欲完成的夢，你就真的甘心用平淡的一生寫下墓誌銘嗎？

不要再欺騙自己從未想過，**往往你苦苦追求的答案，早就被你擱在心中的角落很久**。無論做與不做，日子終究可以得過且過，但那是不是你最想要成為的樣子，這次請你對自己誠實。

P.S.

其實你根本不需要去求神問佛，不用找誰給你建議，只要更加堅定傾聽腦中的聲音，那就是燈塔，就是你該前往的方位。

關於——　# 挫折

輯三

最壞的時候，
也許就是最好的時候

來時路以為是荊棘，回頭看全都是玫瑰

#最好的安排
#向下蹲低是為了奮力躍起

那些在你身上留下的傷痕，都是為了讓你成為更好的人。

十五歲國中畢業時得到了資優生的頭銜，十七歲愛上了別校的學長，十八歲未婚懷孕不再升學，兩個月後發生家庭革命選擇離家，二十歲成了單親媽媽。當了一輩子的好學生，愛上了個錯的人，總以為自己頭腦很好，沒想到是個不折不扣的戀愛腦，「男人不壞女人不愛」的俗套全應驗在她身上，後來又做了個不成熟的決定，從此便沒有了回頭路，這就是琳人生的上半場。

帶著剛滿月的女兒，琳將自己託付給道上的大哥，對方為人海派，對母女倆也算是照顧得宜，就這樣好過了一段時間。但江湖的生活本就沒有個穩，大哥犯了罪流亡海外，從此就音訊全無。而琳為了躲避仇家，只好帶著女兒從台南搬到台中，尋求昔日好友協助，卻被連哄帶騙地一腳踏入了煙花之地。為了生活、為了女兒她都能忍，其間當然不乏有許多追求者獻殷勤，琳愛過幾個，也成為幾個的玩物，就這樣荒誕地過了幾年。

直到女兒上了國小，某次接送時被家長認出她的身分，流言蜚語四竄，讓女兒遭到排擠、嘲笑。「媽媽，為什麼他們突然都不跟我玩了？」一句童言童語的疑問，讓琳如夢初醒。

收拾行囊，琳為女兒辦了轉學，攜帶著這幾年積攢的積蓄來到台北，換掉手機號碼，註銷所有的社交軟體，不帶一片雲彩地告別，在新的城市重生。琳每天將女兒送去學校後，先去早餐店上班，再去咖啡廳打工，接女兒回家後一邊教功課，一邊自學外文，等女兒上床睡覺以後再去樓下酒吧幫忙。一人兼三份工，撐起整個家，就這樣熬過了幾年，女兒爭氣地考上前五志願的高中，而琳也成了知名複合式餐廳的老闆娘，還是五間套房的包租婆。

「如果人生能重來，我可能不會讓自己過得這麼戲劇性。但現在回頭看，對我好的，或對我不好的人都是我的貴人，少任何一個，我可能都無法得到現在這樣的幸福。」琳一邊笑著跟我說她的故事，一邊訂著要帶女兒去歐洲旅行的機票。

我想如果可以，沒有人不想要一生風調雨順，最好走的路都可以截彎取直，在危難來臨前化險為夷。但我們沒有這種運氣，甚至數次在重重跌跤時，怨嘆自己怎能如此不幸？怎麼會想得的不可得，想愛的人愛不到，別人卻能夠順遂地平步青雲，而自己只能舉步維艱？

面對一路的磕磕碰碰，我只能將一切的試煉，都看作是過程。**走上山的陡坡是為了一窺山頭的景色，向下蹲低是為了奮力躍起**。當我們心中有了一個想要完成的目標，那就能沿路砥礪，儘管負重前行。

或像是經歷幾段不得志的戀情後遇上真愛，像是換了幾個做得死去活來的工作後終於找到志向。沒有誰告訴你該怎麼做，你便摸著石頭過河，然後**抵達你從未想過卻又適得其所的地方，這就是別人口中「最好的安排」**。

我很喜歡蛋堡在〈過程〉這首歌裡的那句「過程是風景，結果是明信片」，無論最後你經歷了什麼，獲得了什麼又失去了什麼，**你會感謝那些積累下來的經驗與無法複製的足跡，成就了現在的你**。即便也許非盡如人意，但至少也足夠美麗。

P.S.

你不一定要感謝所有生命中出現的人，但你一定要感謝即便顛沛流離，卻從未放棄過的自己。

把冷嘲熱諷當白噪音，讓他們的質疑都白操心

#用不著向誰證明什麼
#能對自己交代更重要

虛心接受他人的關心與指教，但並不代表，你們能做得比我還要好。

有人說「成功的路上都是孤獨的」，我不確定說出這句話的人，是否真正達到所謂的成功，或者說我們終其一生能不能沾到成功的邊緣也不得而知。但當我們做著一件沒有人能預料到成果的事，旁人的勸退、憂心，或者訕笑及看好戲，就成了擋風玻璃上清除不完的雨水和污漬，即使你方向明確，卻還是會被擾亂視線，內心也確實能感受到一種無伴同行的孤寂感。

更糟糕的是，我們的信念會隨著此起彼落的干擾而動搖，變得自我懷疑，甚至也跟著貶低自己，連夢都不敢做了，只坐實了別人口中那個好高鶩遠的傻子。

多少人從滿懷熱血到躊躇不前，最後任由夢想與成功走遠，然後在若干年後，成為另一個潑他人冷水的角色。**但其實這樣的惡性輪迴，從你開始便能終結**。

你比任何人都清楚，若能一蹴可幾，那就稱不上夢想；若能被所有人理解，那就不會是個挑戰。而你能做的，是抱著強大的意志與信心披荊斬棘，**跌跤碰傷絕對在所難免，落井下石也大有人在，可當你心有所向，便不用再向誰證明什麼**。你儘管自顧自地踩穩每一步，對於關心與建議擇善固執，對於毫無幫助的閒語一笑置之。他們不懂你，你更不懂他們，用不著花時間與他們辯解，當你做出能對自己交代的成績，奚落的聲音自然會變得稀稀落落。

設定好目標，你便是這部巨作的主角，過程沒有個高潮迭起、沒有個乘風破浪，故事就不精采。**也唯有經歷過風雨、忍辱負重，才會有對成功的飢渴與破釜沉舟的決心**。最終會像是在客場投進一記致勝決殺球，全場的鼓譟瞬間靜默，只能看著你的成果與勝利的煙火，綻放整座天空。

P.S.

只要你滿懷熱忱與熱血，那些朝你潑來的冷水，都會被蒸發成虛無縹渺的雲煙。

相信日子不是變好，就是在變好的路上

#誰的人生沒見識些光怪陸離
#此時此刻就是變好的起點

最壞的時候，也許就是最好的時候，因為這代表已經沒有什麼好失去的。

我不知道同時面臨被職場霸凌、交往兩年的感情告吹，以及家人生病的機率有多高，但至少全都被何宇給碰上了。知道他那陣子低潮，我們幾個好友本來打算帶他去廟裡拜拜，結果他說可能得改天了，出了個車禍，車壞了但還好人沒事。

這不是水逆逆到骨子裡，就是犯太歲沒去點個光明燈。我們幾個好友面面相覷，還是先別找何宇了，就怕他背後的衰鬼找我們幾個抓交替。不過這當然是玩笑話，我還是找了個黃道吉日去陪何宇散散心。

「我還是搞不懂為何我明明沒做什麼，卻要被那些不做事的同事排擠。我也搞不懂為什麼上禮拜還好好的，她就突然劈腿了。這陣子我真的怎麼想都想不通。」何宇嘆了口氣說。

「那你為什麼只顧自己想，拖了這麼久才和我們說你發生這些鳥事？而且如果你覺得其他人給不出有建設性的建議，那我好歹有作品放在心靈勵志的分類裡，找我談心呀！」我說。

何宇被我問到說不出話，可我也沒有要他回答什麼，轉個彎就走進酒吧，打算跟他來個不醉不歸。

那天晚上，我和何宇兩人就像分組討論一樣逐題把問題攤開看，又逐題去推理答案，雖然不知道算不算正解，但至少都比原地踏步，或在負面的迴圈裡困著來得更有可行性。

「工作再不開心，你都還有離職這個選項，感情再不順，你看我上次失戀哭得死去活來，現在還不是一尾活龍。所以我說，最慘的不過就是這樣了，就像我的股票都跌成這樣了，還能跌去哪？倒不如趁低點買進，以後會有更快活的日子等著你！」我一邊說，一邊打開我被套牢的股票損益表，何宇看了看後拍拍我的肩膀：「兄弟，我們要一起變好。」

幾個月後的日子，何宇果斷離職後找了份新工作，後來也適應得還不錯；感情的部分也就跟前任兩散，但他在交友軟體上似乎又開啟新的一片天。至於我的股票，低點買的的確是賺錢的，不過之前被套牢的，嗯，就再給它們點時間吧。

人生就像是一座高樓，**如果你已經來到最低的樓層，那接下來的每一步，都會是向上前行**。也許你會質疑，誰能肯定最低會有多低？但當你這麼想的時候，就代表你內心也很清楚，現況並沒有慘到讓你一敗塗地，那你又怎能兩手一攤說放棄。

誰的人生，沒經歷些狗屁倒灶，沒見識些光怪陸離，沒懷疑過到底老天要給自己什麼試煉？但最後劫後餘生的人們，雖然不是毫髮無傷，卻能侃侃而談這些過往，因為他們看過最黑最長的夜，除了更珍惜現在所擁有的陽光燦爛，也感謝當初那個相信一切都會好起來的自己。

無論你相不相信，**但就算一路踉踉蹌蹌，回頭看都是過程而己。**只要你堅信最差的都會過去，那此時此刻就是變好的起始點，你會親自示範，什麼叫做否極泰來。

P.S.·

懷抱樂觀活著，恐懼就會變得沒這麼嚇人，只要你確信會有好轉的那天，就算一開始是善意的謊言，說久了也會成真。

沒被看見的汗水，也是使你變得更好的新陳代謝

#看似無用的經驗都會成為你的左膀右臂
#苦會有回甘的時候

你不能要求所有人都能體諒你的辛苦，但也不代表你做的這些就是白白付出。

有句話叫「為善不欲人知」，我想應該是指做任何一件事情都別本末倒置，為了沽名釣譽或者獲得回報，而迷失了初衷。可反過來想，如果我們付出了努力，做了幾件很了不起的事情，最後不僅沒有得到相對應的回饋，甚至還被誤會成「不夠努力」，這口氣怎麼吞得下去？

我曾親眼看著自己的同事，因為部門人力短缺，他一人扛兩人

份的工作，上班時間忙到沒時間吃飯、上廁所，回到家後還要加班處理雜務，甚至熬夜趕報告。在這樣的情況下，他當然沒辦法事事盡善盡美，還是會有無法顧及的小瑕疵，不過任誰都會覺得瑕不掩瑜。畢竟換作其他人，頭皮沒有硬得像是石頭可能都撐不過來。

結果呢，那些小瑕疵卻都變成主管眼裡的沙子，不僅放大檢視疏漏，還語重心長地認為他沒有做到一百二十分的努力，再佐以一些過來人的經歷，試圖說服他所有的忙碌、難熬和考驗都是理所應當的事情。

我不確定是不是每個人都可以乖乖收下這份訓導，但字裡行間只讓人看見「慣老闆」的影子。而我的同事當然無法接受，心裡那股忿忿不平的氣怎麼樣也嚥不下去，但我們除了替他抱不平外，也沒辦法幫他紓解那些不被理解的委屈。後來，他還是選擇離職，主管才發現他的重要性，可是也已經無法挽回他心灰意冷後的一心求去。

台語有句俗諺「做到流汗乎人嫌到流涎」，白話翻譯就是做得滿身大汗，卻換來嫌棄和批評的口水。我一方面能體會付出不被待見的心酸，可似乎也能理解身居上位，難免會有視線上的落差，無法看見所有人的努力。所以能不能做好適當的向上管理，或許也是在職場上必須學會的生存之道，不過這又是另外一件事情了。

把眼光放回到自己身上，雖然有累有倦，有不滿有不甘更有百般不願意，但我相信，**在每個過程中一定都會有所收穫**。哪怕是再莫名的指令、令人摸不著頭緒的業務，至少都能讓我們見識到，這世界上還是存在著許多沒有道理的運轉模式，誰也說不準到了其他地方，會不會再遇見類似的奇葩事件。而屆時那些看似無用的經驗，都會成為你應對的左膀右臂。

辛苦的事情很多，可只要我們能讓這些辛苦產生意義，無論是實質的幫助或者歷練的積累，那再苦，也都會有回甘的時候。

P.S.

多少強者展現的實力，
來自於在沒人看見的地方偷偷努力。

別去習慣悲傷，那不是你該具備的專長

#保持樂觀與無畏
#別輸給想不開的情緒

收起沒必要的悲觀，把所有的不幸都視作偶然。

有段時間我是挺低潮的，從工作、感情、人際關係甚至到健康，我每天都像是在應付根本看不懂題目的試卷，生活逼著我作答；而我胡亂猜測答案的下場，就是連篇的錯誤，以及錯誤後接連產生的誤會，與不可控的種種跌宕。那陣子我除了覺得倒楣透頂，甚至還閃過許多負面的念頭，有任何意外發生我或許都不會感到意外。

但這並不是我的本性，無論面對身邊的人或是讀者，我向來都想要帶給大家正面且樂觀的力量；我始終告訴自己與他人，即便在黑暗中也一定會有光亮。然而當時的我，活生生地被黑暗壟罩，不斷地被拉入泥淖之中；明明還有掙扎的力氣，可內心卻停止反抗，對接二連三的打擊，舉了白旗投降。

直到後來，那破碎的日子終於發生了一些好事，但我甚至想不起具體的細節，可見有多麼微不足道。不過，就因為這麼一點喘息的空間，我忽然好像可以期待起明天，就像球場上教練喊了暫停，重新布局戰術，那些零碎且不堪的麻煩，定睛一看似乎也不再這麼值得糾結。

原來，我只是習慣輸了，輸給那些接踵而至的攻擊，輸給自己想不開的情緒，任由考驗的重量壓垮我，而我也順水推舟地屈服於自己的逃避與怯懦。我才明白，那些讓自己生活過得一塌糊塗的人，並不是沒有奮起對抗過，只是在承受一連串的打擊後，便不再相信靠一己之力能轉圜什麼。一旦有了這樣的念頭，就算有好運經過也是抓不住的，**當你待慣了暗室，也就會認為自己活該只配得上這樣悲慘的遭遇而已**。

其實，我們該讓每次的傷心都是新鮮的、是難忘的，就算偶爾大驚小怪也好，都不要將難過視為日常，那只會讓你無意識地成為會走路的負能量。**保持樂觀與無畏，就算偶然的失意，也別和壞情緒糾纏太久**；就算挫折，也都相信能在收拾後重新再來，就是要有這樣的信心，你才能放過自己，不沉溺於負面念想，在難題面前更游刃有餘。

你不需要提前預測自己有多倒楣，「果然如此」、「我早就知道」等想法都不會讓你過得更好，消極地接受最糟糕的安排，才是種種挑戰裡最糟糕的解法。

沒有誰需要離群索居到頹喪的永夜裡，如果拯救不了自己，也別忘了那些在乎你的人。**只要你不再認為悲傷是理所當然，那麼雨不停的城市，早晚也會陽光燦爛。**

P.S.

有輸過，但沒有怕過，
當你有這樣的底氣，連衰神都會怕你。

最可怕的不是犯錯本身，而是你讓它一再發生

#不要有半點僥倖
#得到一次寬恕就是奢侈

人們總是健忘，才會把自己說過的痛定思痛，忘在事發的不久之後。

但其實說健忘，是給自己好過一點的理由，畢竟沒有人想要承認，好不容易的劫後餘生，竟然還沒讓自己學會教訓，失手傷害了人的後悔，卻沒有真正地反省。第一次可以說不是故意，第二次可以怪罪場面失控，然後下一次呢？還有多少藉口可以搪塞，你也不曉得。

曾經有人私訊我，說他劈腿六次，但另外一半原諒五次的故

事；至於剩下的那次，是對方還沒有發現而已。我問他，既然你放不下外面的花花世界，為什麼不分手？他只告訴我，因為另一半太好了。我又問他，那傳訊息給我是想要得到什麼回答？他則說，代表他是真有想要解決這件事情，只是不知道從何做起。

我之所以沒有問他：「既然另外一半這麼好，為什麼還不好好珍惜？」是因為我太清楚，如果這題他有答案，就根本不會有這荒謬的故事。

最後，我無法給他有建設性的回覆，因為即便有嚴刑峻法，或者道德勸說，**人心裡只要有半點僥倖，就看不到被他傷害的人的眼淚**。

我不知道最終結局如何，但我由衷希望，對方勇敢地提分手，但不是因為發現他再次劈腿，而是終於想通了自己的愛並不廉價，終於明白當對一個人的原諒從單數變成複數的時候，便再也無法對自己的幸福交代了。

明知道會傷及無辜、會有人為此心碎，卻還蓄意為之；**明知道得到一次寬恕就是奢侈，卻還恬不知恥，這才是所有錯誤裡面最大的一個**。

P.S.

沒有學不乖的人，只有不想學的人，
他們最大的不幸，就是犯錯後被發現，沒能繼續僥倖。

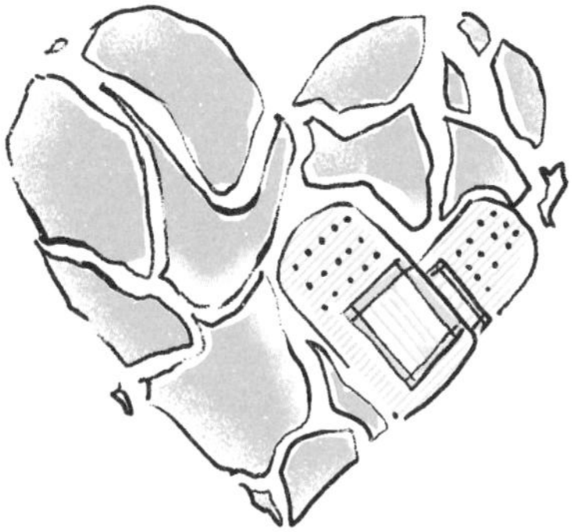

別急著絕望，歲月遲早都會靜好

#我們都會跨過去的
#把混亂的生活過得像萬聖節

我一直都認為自己不是老天的寵兒，沒有任何值得說嘴的長處，沒有讓人羨慕或嫉妒的本事，生活雖偶爾波折但大致平順，簡而言之就是個再平凡不過的人生。但平凡沒有什麼不好，至少我人是有趣的，遇見相同頻率的人們，日常自然也會豐富起來。可如我這般的人，依然還是會遇到難跨的坎，感情的不順、職場的難捱，還有很多細碎的挫折與阻礙橫在我前進的路途。即便我盡量保持樂觀，仍會有痛到喊不出聲的時刻。

每當遇到一堵我不知道能不能翻越的高牆，我都會說鬼屋的故事給自己聽。

我走進了一間鬼屋，看見了許多光怪陸離，遇見了太多牛鬼蛇神，我會想這是什麼鬼地方？然後開始害怕、膽怯，甚至哀怨為什麼會踏入這裡。接著在我內心已不抱期待的時候走到了盡頭，門一開是一片光亮，外頭歌舞昇平，充滿歡快的笑聲，美食香味四溢，**我才看清楚握在手裡的是張遊樂園的門票**。

我們的人生肯定都會反覆遇到狗屁倒灶的破事，就像一幢又一幢的鬼屋，但我們能站著進去就得要站著出來，畢竟裡面的是不重要的、是可以被丟棄被忘記的，**但日子過下去才是真的、是精采的**，**你永遠想像不到會多有趣**。

就把混亂的生活過得像萬聖節吧，雖然難免會遇到有人裝神弄鬼，但你也一定能找到自得其樂的方法。就像小時候我們怕鬼，長大後分得清真偽，成熟與歷練會使得我們更能適應這瘋狂的世界。

不用因為一場午後雷陣雨，就以為你身處的城市永遠壞天氣，

這裡有很多很棒的人、很好的回憶，以及往後你還會持續不斷體驗到的驚喜，這都不是一場驟雨能夠抹滅掉的。只要耐心等雨停，等在後頭的會是更好看的風景。

近看是斷垣殘壁，遠看其實只是條裂縫而已，所以別怕，我們都會跨過去的。

P.S.

不盡如人意的過程，都會有結束的時候，

無論是用什麼方式撐過，多年後再回頭看，其實都不算什麼。

走進了一間鬼屋，看見許多光怪陸離，
走到盡頭，卻發現門外是一片光亮，
才看清楚握在手裡的是張遊樂園的門票。

日子過下去才是真的，
你永遠想像不到會多有趣。

把自己搞得這麼累，誰叫你都不先做準備

#遊刃有餘是需要練習的
#做好準備才能靈活梳理雜亂

你有沒有過一種經驗：出門前沒先看氣象預報，看著外頭的豔陽天便不帶傘，結果淋成落湯雞後咒罵著「這什麼鬼天氣」，才看到幾個小時前的新聞要民眾慎防午後豪大雨。

我是一個在已知要做什麼事情的情況下，多少都會提前準備的人，就是因為我不太喜歡自己想得不夠周到，而被突發狀況搞得手忙腳亂。如果時間允許，先查找些資料是基本，或者詢問他人經驗，再不然至少會在腦中演練過幾次，做點心理準備也不無小補。

除了這些籌畫以外，我也會多想好幾個備案，萬一計畫有變我還能有 Plan B。舉例來說，我下班前會先想好五間餐廳當作晚餐，再根據有沒有開店、路上有沒有塞車，或是若突然下雨哪裡更方便等等逐一篩選，就可以省去漫無目的找尋的時間。

我知道有人肯定會覺得，吃個飯哪有這麼多內心戲，但見微知著，**能在生活中養成計畫的習慣，就更有餘裕與條理去面對不同的事件，給日常更多誤差的空間**。當然這樣做也不是沒有缺點，像是當有不如預期的情況發生，我可能就會先被自己的壞情緒給影響，覺得最理想的規畫被打亂，即使還是能完成，但過程難免不快。

就因為我知道自己並不擅長即興發揮，所以寧可先做好功課，也不要讓自己有手足無措的機會。而你也千萬別覺得，自己面對複雜的困難時能總是隨遇而安，見招拆招並不是與生俱來的本事，那需要經驗的積累、靈敏的反應以及強大的心臟，等你皆能夠具備，自然可以遊刃有餘。

喜歡隨心所欲、保持彈性，習慣跟著感覺走，這都是很棒的處世態度，但在這之前，看看自己是不是遇到雜事便埋怨個不停，每次臨時抱佛腳總要被現實狠狠教訓，生不出三頭六臂的下場都是忙得人仰馬翻。**但如果你萬事皆先做好準備，哪怕只有一點，都能大大助益你臨場的判斷，以及更靈活地去梳理雜亂無章的工作。**

事前花一點時間與力氣，相信事後，你會感謝這樣的自己。

P.S.

雖然說計畫趕不上變化，但若凡事都不稍做計畫，別人眼裡的日常瑣事，你也可能覺得很複雜。

能在生活中養成計畫的習慣，
就有餘裕給日常更多誤差的空間。

今天有比昨天更好，慢一點也不會怎樣

#沒有一天是輕鬆的
#但你會慶幸還好撐過來了

每一場病都有各自的療程，你不用執著於什麼時候會好，只要明白這終究會好。

我想絕大多數的傷心，都是一種疾病，有時成因不明，症狀也不盡相同，可以是輕咳，也可能是重症。別人可能看來不怎麼樣，但只有你知道，有什麼痛苦在你腦裡掀起風暴。

如果從一開始就能知曉原因，接著對症下藥，或許高燒個幾天就能漸漸好轉。**可我們往往花太多時間在苦撐，不願意承認心碎的人為什麼是自己**，苟延殘喘地給自己上麻藥，用錯誤的方式止痛，不去看還在流血的傷口，還強顏歡笑著假裝自己很好。於是，在不久之後被併發症給吞噬，變成一個支離破碎的軀殼。

無論是從幾分墜落，**傷心的此時此刻，其實都是將原本好端端的生活重新歸零的開始**。這聽來可怕，但換個方向想，再糟的狀況也不過就這樣，當你能理解到這點，你便已經在低谷的月球上，留下阿姆斯壯的腳印，往復原狠狠地跨出一大步。

要好起來，最忌諱著急，沒有可以速成的快樂，沒有讓悲傷消失的魔術，**每一點進步都是你負重前行得來的**。也許有的人會想著不如放棄，當個行屍走肉的遊魂也好，但你要一定要百般提醒自己，只要你肯，一切都會好。這不是空頭支票，是每個劫後餘生的過來人所寫下的日誌。既然如此，**早好晚好都沒有現在開始來得重要**。復健的過程會疼，但疼痛的係數終將會與快樂交叉，你會重拾那些曾經很美好卻被暫時遺忘的生活，你會像是破繭而出般大口吸啜著空氣，不再因悲傷缺氧。**有一天，你會開始不再關注康復的進度，卻一晃眼突然能不帶有一絲勉強地笑出來。**

從病危通知走到出院的門口，是恍如隔世，是起死回生，也是你匯集了所有的好不容易。回頭看，沒有一天是輕鬆的，但後來，你總算能鬆一口氣，慶幸自己總算撐過來了。

相信在未來某天，當你看到另一個人心碎的時候，你會將這段歷劫歸來的故事告訴他，要他別放棄、要他撐下去。就算不知道恢復期何時結束，**但只要每一天都好一些，慢慢來也可以。**

你是這樣過來的，他也會是，無庸置疑。

P.S.

今天沒有變好，那還有明天，明天永遠都還有明天，
時間會還給從未放棄的人一個公道。

關於——— # 人際

輯四

喜不喜歡，無須假裝

無論誰怎麼以貌取人，你都能決定自己是怎樣的人

#讓日久見人心成為遞給別人的名片
#用自己的精采讓他人改觀

你控制不了別人怎麼看你，但你能展現你想讓別人看見什麼樣的價值。

這世界上最不需要在意，卻偏偏最使我們在意的，就是別人的眼光了。無論你是圓是扁，只要有人說你是方的，一瞬之間你就會忘記自己的形狀。你會先極力去否定別人的想法，卻只能逞口舌之爭而無法去證明什麼，接著落入自我懷疑的迷霧中，最後不是跟著他人貶低自己，就是變成喪失自信的懦夫。

別人的一句褒貶就像隨意扔下的種子，他們甚至不在乎會長成

什麼樣的植物，可是在當事人的心裡，卻有可能開出一朵花，或是綑綁住自己的荊棘。

回過頭看，我們年少無知的時候，也都曾將五顏六色的標籤往別人身上黏貼，用好學生與壞學生分類，用外表特徵、身家背景來定義每個人，甚至光憑星座，我們就先入為主地猜想對方的價值觀、感情觀。而最後撕下這一張張標籤的，往往不是某個誰，**而是隨著時間推移，標籤自然失去黏性而落下**。

因此我們都很清楚，在你我身上永遠都會有別人給的標籤，但實際的價值高低，卻只有我們自己知道，也能由我們決定。

我們不需要竭盡全力地去證明或者扭轉他人的評價，畢竟先入為主的看法，哪是可以輕易改變的。**如果我們執著於那些三言兩語，那你內心真正的想法又該如何被聽見？**而我們真正能做的，就是讓日久見人心成為遞給別人的名片，你不是那樣的人，時間終究會還給你公道的。

就儘管呈現最好的自己吧，無論是他人的誤解還是不解，在你面前都會相形失色。即便他人不肯為自己曾用有色眼鏡看著你而道歉，你也無須去討好任何人。用自身的精采讓他們改觀，就是你唯一該做的事情。

任何人都可以用偏見去看輕你，可只有你知道自己行得有多正、坐得有多直，明白自己的含金量有多高，再佐以質疑作為動力，**你的實力終會使你如同名牌上的LOGO，內行人一看就知道是真貨還是假貨**。

P.S.

別人只能為你取綽號，但別忘了你有自己的姓名。不管別人怎麼看你，你都要清楚自己什麼樣的角度最好看。

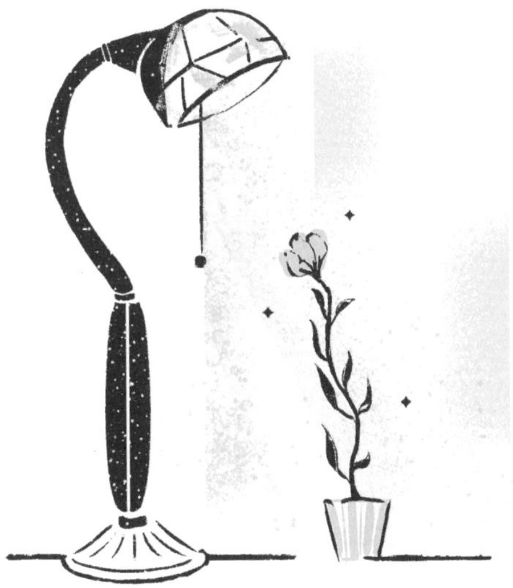

習慣接受別人的自私，你的想法便沒有人會再當一回事

#做個隨從往後沒有聽眾
#別豢養出囂張的野獸

總是以為退一步就會海闊天空，但退到最後，即便你有再多的想法與意見，也只能言不由衷。

初相識時大家平起平坐，沒有誰高誰低，但再過一段時間之後，有的人越來越有話語權，一旁也會有人跟隨附和，而剩下的人只能任由支配。雖然這也許是個性使然，是再自然不過的人際關係生態，但若你習以為常做一個隨從，往後在任何一種關係裡頭，你說的話便沒有聽眾。

無論你是出於尊重，或者愛與包容，也不能讓自己沒有了底

線。不出聲對抗也許是你的讓步，但在別人眼裡只會把你當成啞巴，未來也別再奢望對方會傾聽你的聲音，突然為你著想。

那些你覺得蠻橫跋扈、只顧自己的人，演化至此的過程，身邊一定充斥著不斷退讓與妥協的人，就如同某些你愛過的人，並未回饋你的付出與體貼，甚至不講理地慣性否定你，在你們的相處過程中慢慢豢養出囂張的氣焰。沒有人希望自己在任何一段關係中失去話語權，**可若你允許他人暢所欲言，還言聽計從，那麼本該對等的**

位置，終究還是會分出高低。

偶爾你也該自私一回，不是對誰無禮，而是闡述自己的想法，堅持自己的決定。你得為自己著想，揮舞著你信念的旗幟，不要再只會舉白旗投降，而是勇敢地為自己揭竿起義。

P.S.

默許對方用你不喜歡的方式對待你，你也就成了使自己變得卑微的幫兇。

無論你是出於尊重，
或者愛與包容，
也不能讓自己沒有了底線。

不再追求無用的社交，二十八歲後只想跟重要的人交好

#喜不喜歡一個人無須假裝
#保護好半徑以內的朋友

以前總想成為「人緣好」的人，越長大才越明白，**人際關係就像一頓晚餐，吃得多不如吃得巧**。

我從以前就不算是朋友很多的人，主要是我很不喜歡「刻意」地交朋友，也就是當我知道這場聚會有什麼目的性，可能是聯誼、工作交流或者認識各行各業的人，我就會覺得渾身不自在。所以現在身邊有聯絡的，多半都是曾經的同學、同事。本來我也不覺得這樣有什麼不好，結果有次聚餐，被朋友的友人指著我私人的社群好友名單，用著不可思議的口氣驚呼：「你朋友也太少了吧？」彷彿我這幾十年竟然只能留下這些人可以

聯絡，是很不應該的事情。

兩百多名好友算少嗎？我心想，如果辦婚禮全都到場，至少也要開個二十桌。接著，那名友人拿出自己的帳號，沾沾自喜地炫耀著那四千多的好友數字，還說這些都是真實見面過，可不是亂加網友來糊弄的。如果我還小，肯定會被這天文數字給震懾住，可當下我沒半點羨慕，只覺得人生有限，如果每個人佔用我一分鐘，我就得要不眠不休地花整整三天應付。所以龐大的交友圈是好是壞，不免細思極恐。

邁入再往前走就是三字頭的二十八歲後，我開始分得清楚，什麼是摯友，什麼是酒肉朋友，什麼是能幫助自己的人脈，以及什麼是名存實亡的點頭之交。當我將自己的人際清單分門別類，**我便懂了社群上的好友人數，不過就是一組亂數排列的數字，只有自己清楚代表的意義是什麼。**

你認識五湖四海的人也好，你有縱橫交錯的人脈也好，那都各憑本事，只要你認為維繫與經營所付出的成本是有收穫的，讓你的生活與心靈都是滿盈的，這樣的社交就有存在的價值。反之，洋洋灑灑的好友數卻沒幾個知己，四處討好裝熟卻換來薄如蟬翼的交情，以及反覆從頭交代自己人生的疲憊感，都只是在告訴你道不同不相為謀的道理。

花若盛開蝴蝶自來，我想所謂的情誼，不會只是你單方面的追尋；你只要夠好，也會是別人想要來往的對象。在你的專業領域裡，或者拓展興趣的過程中，自然會有志同道合的人靠近；所以，與其汲汲營營地去融入不屬於你的圈子，**不如從自己成為圓心，保存好半徑裡相惜相伴的關係，再慢慢將直徑延伸出去，畫出一個大小適中的圓，也是你最珍貴的緣**。

二十八歲以後，喜不喜歡一個人不需要假裝，更無須為了表面合群而去混入不自在的場合。就算摯友屈指可數，就算想要一個人獨處，什麼人該留，什麼人該走，你會比誰都清楚。

P.S.

小時候我們在乎自己有好多的朋友，
長大後我們只會感謝，還好自己身邊有著多好的朋友。

不張揚你的付出，但也不能白費你的辛苦

#再有才華的明星也需要宣傳
#沒有人會記得成為炮灰的人

人家總說能力越大責任越大，但職場上還有一種狀況，是能力越強事情越多，而且，功勞還不一定能夠回到自己身上。

有名職場前輩跟我說過，做好自己分內的工作、做個聽話好配合的員工，主管都會看在眼裡的。我曾經信奉這樣的理念並踏實地做到，可我也漸漸意識到這終究只是個理想。如果在規模較小的公司或許還有其道理，但若在大公司，認真的員工很多，伯樂卻很少，而且能決定升遷與否的主管遠在天邊，更別提同時環伺著競爭的同事與偷懶的冗員。如果只是默默耕耘付出，還比其他人更在乎團隊的成績，**這樣的人只會包攬更多雜**

事，甚至為人作嫁，換得吃力不討好的下場。

我曾見過一名資深的小主管，因為資歷夠深，即便是之後到來的大主管也要讓他三分。而這小主管能生存這麼久的原因，不外乎就是在辦公室搬弄是非、排除異己，而且懂得向上管理、迎合上司的喜好也不爭辯，並運用自身的職位，將絕大多數的工作向下分配，再將底下員工的辛勞，親手呈上攬成自己的功勞，然後偶爾略施小惠，讓有不滿的人也無從置喙。他就像是一個翹翹板的支點，運用手段平衡兩端，他就可以站著什麼事都不用做，在職場中游刃有餘地生存。

我忽然意識到，**職場就像是戰場，沒有人會在意跑在最前線、用肉身當炮灰的無名小卒**。不要命的認分與努力，只能換得戰死沙場的墓誌銘，而最後受賞賜的、被記住的，除了真正戰功彪炳或者運籌帷幄的人，還有太多只會紙上談兵，以及握有話語權而被莫名歌功頌德的人，不僅名不符實，也抹煞了其他人拚死拚活的成果。

我們不需要賣弄心機去爭權奪利，也用不著大張旗鼓地自吹自擂，**先盡好本分是基本，並在該展現的時候，有一說一地闡述你經手過的付出**。抓住機會發揮所長、分享成果是很重要的，連伴侶間都要常常示愛來表達情意了，你怎麼會覺得在兵不厭詐的職場上，什麼都不說地埋頭苦幹，可以輕鬆地讓你的苦心兌換成上司的愛惜與珍視呢？

再有才華的明星，也需要行銷與宣傳，你不用擔心誠實陳述自己的付出會是種誇耀，你只是為自己開盞燈，在混沌的職場中不被埋沒。**你不能愧對自己的勤奮與血汗，適度地爭取、表現，只是將你應得的收穫物歸原主**。

P.S.

什麼都沒做卻說自己做很多，這叫做搶功勞；
什麼都做了卻什麼都不說，那叫活該過勞。

如果你是我，你也會這樣做

#有對立的兩方就有兩種版本的歷史
#誰能保證做得比當事人更好

我們常用上帝的視角來評論一個人的選擇，或者用結論來撻伐、指責，甚至是訕笑那些不符期待的決定，**但如果置身其中，誰能保證會做得比當事人更好**。

認識小寧的時候，她還困在前段感情的泥淖裡，她弄不明白為什麼兩個人得要走散，為什麼對方不能像過去一樣再努力一次。那如果換她鍥而不捨呢？對方會不會心軟、會不會發現自己做錯了決定？她有細數不完的問題，遲遲找不到頭緒。

後來，有個人滿懷著真心誠意，為她雨不停的日子打了把傘。

他知曉她的故事後，用不打擾的速度走在她的身後，想陪她等到放晴的那天。小寧知道他喜歡她，但一顆破碎的心，還找不到辦法能給予理想的回應，可同時，獨自一個人的寂寞，終究還是讓她抗拒不了一雙炙熱的手。她接受了他的好，嘗試透過進入下一段關係，來擺脫上一段愛情的陰霾。她不確定這樣做是不是對的，但沒有試過，她也不曉得自己能不能有好起來的一天。

遺憾的是，現實沒有照著最好的劇本走，小寧放滿前任碎片的心依舊上了鎖，連自己也找不到鑰匙，即便有人叩門卻也不得其門而入。當她知道此時此刻還無法重新愛上一個人，那相處的每個片刻都成了壓力，他越對她好，她就越想逃，當她無處可逃時，就只能無預警地放開對方的手。

面對戛然而止的感情，對方的反應彷彿將小寧曾有過的困惑、不解以及不捨等情緒全複製貼上，她才忽然發現，原來不愛一個人，就是得這般冷酷無情。雖然依舊不認同，**但她好像看明白了前任的視角，望去竟是這樣的景色**。

很多時候因為是受害者，所以我們永遠搞不懂對方的選擇，可以理直氣壯地將不滿宣洩，把全世界的可憐都往身上貼。但當有天交換位置，將同樣的情境換了個角色出演，**就會明白那些台詞與走位，都是經過深思熟慮謄寫的**。

無論是任何的關係，一旦有對立的兩方，就會撰寫出兩種版本的歷史。譬如當還是基層員工時，會對主管的做法匪夷所思，而登上了高位，就會把公司利益放在職員的抱怨之前；又像是叛逆期時對家人的管束排斥至極，可當為人父母時，又忍不住對孩子耳提面命。很多人常說換了位置會換了顆腦袋，這真相沒有多少人願意承認，只是如果真有那麼個機會，**讓我們扮演**

一次曾怨懟的那個人，也許我們就不會再如此糾結那些委屈和不堪，好像就能理解其中有多少的無可奈何，明白那些不如預期的反饋，並非毫無道理可言。

P.S.

想要接受那些難以接受的事實，就去做一次你口中的反派角色，也許他依然很壞，可你也不一定會好到哪裡去。

願我們都能珍惜那些為了關係，吞下太多委屈的人

#願意多吃點虧不是理所當然
#而是更明白怎麼珍惜一段關係

人與人相處，誰沒有情緒，只是有的人放肆恣意，有的人小心翼翼。

你有尖銳的稜角，我有堅硬的犄角，那當兩人意見不合的時候，肯定會有人受傷。誰不想要有脾氣就發、有不滿就講，但如果每個人都一樣，你是否可以接受比自己更拗的個性、更張狂的氣焰，你又該怎麼和對方沒有疙瘩地和平共處呢？所以，**在那些風平浪靜的人際關係裡，肯定得有貼心的人，將自我、退讓以及委屈囫圇吞棗地嚥下去。**

我們這群哥們都說阿雄娶了個公主，不是童話故事裡的那個，而是有公主病的那種。如果以麻辣鍋來比喻，外型中辣，個性是大辣再加一份特製辣椒醬。有次阿雄帶老婆來聚餐，彷彿小太監在服侍慈禧太后，基本的夾菜、剝蝦、遞衛生紙就不說了，公主只要一聲「嘖」或是一個白眼，阿雄就要連忙安撫地在她耳邊呢喃幾句。等到公主去上廁所，我們就立刻問阿雄剛剛是怎麼了？結果只是燙青菜忘記要店家不要放蒜頭，還有她的白色上衣不小心噴到了醬汁。

「那關你什麼事？」我們異口同聲問。

「她不開心就關我的事啊，你們不用太大驚小怪！」阿雄尷尬地回答。

其實「公主」的綽號其來有自，因她對阿雄發脾氣早就是家常便飯；我們兄弟聚會，她也常以芝麻綠豆的小事需要幫忙為由，就要阿雄提早回家。所以，當阿雄說要跟她結婚的時候，我們只能為他默哀。

「她對你這樣，你都不會覺得委屈嗎？」我問。

「有時候當然還是會有情緒，但如果跟著她起舞，那就真的沒完沒了。而且，其實她還是有很多好的部分，只要想著那些，我就覺得沒什麼事是過不去的。」阿雄語重心長地訴說過來人的經驗：「等你們結婚就會知道，如果忍一時就能風平浪靜，沒有什麼比這更划算的事情了。」

他不一定脾氣很好，但成長的過程教會他收斂情緒；他肯定很感性，所以懂得將心比心，但面對無理的爭吵他會選擇理性相待；他有不去爭輸贏的修養，不在乎自己多吃點虧。而這一切的一切，從來就不是容易且理所當然的事情，只是他更重感情、更明白怎麼珍惜一段關係，**所以他心甘情願在你冷靜之前**

做個輸家，好去贏得每一次爭執過後，重修舊好的機會。

明知道自己有理，卻不針鋒相對，這真的是一件很困難的事情，可貼心的人早就把這樣的委屈當作習以為常。這是他的溫柔、他的體貼，雖然聽起來有點傻，卻是每一個和諧歡快的人際群體中，必然會有且舉足輕重的角色。

願我們都能珍惜這樣的一個人，不要等到他遍體鱗傷的時候，才發現原來自己情緒氾濫時有多麼面目可憎，才發現對方承受了多少本不該承擔的不公平，只為維繫這段得來不易的情誼。

P.S.
委屈求全或許偉大，但偶爾坦然分享自己的想法，對關係更健康。

別到了後悔時才懂，原來家人不是你情緒的出氣筒

#別在外笑臉迎人、在家情緒暴走
#讓善意流淌在家人之間

我們常常會不小心把寬容與耐心留給外人，卻把脾氣留給身旁最親近的人。

我不知道對你而言，和家人相處，最重要的事情是什麼？是希望有利可圖，還是自在舒服？是希望他們最好是個不會犯錯的完人，不會動不動就惹你生氣，還是無論有好有壞，但都可愛？我希望你的答案皆是後者。

很多人喜歡將「家」比喻成避風港，就是那種無論你在外發生任何事情，都能在踏進家門的那一刻，卸下所有的防備與面

具，赤裸裸地做回最真實的自己。你的情緒、習慣以及種種想法，當下都可以是沒有胭脂抹粉地誠實，可能帶著刺、可能脆弱不堪，最後都會由你最親近的家人概括承受。

我想你應該明白，**見過你最邋遢、最討人厭的模樣，卻依然能給出最無私的愛，除了家人，應該很難找得到別人**。反之，那些你在外必須矯揉造作、畢恭畢敬、謙和有禮應對的人，只不過是同樣披著社會化的外衣，進行一段社會化的交流。那未必是他們最真實的樣貌，而且，這些人也未必會在你的人生中停留多久；可偏偏，他們卻能看到你最好的那一面。

如果你都能用良好的態度與穩定的情緒，面對一個你根本不知道什麼時候就會和你毫無瓜葛的人，那麼，**對於陪你走過大半人生風雨的家人，你更毫無理由不給出善意**。

或許會有人認為，就因為信任家人，所以才會放心地將最毫無顧忌的自己展露，就像貓咪在主人面前翻肚，露出最脆弱的部位，這都是出自最放鬆的狀態。只不過，如果你習慣了對家人無禮，說話語氣充滿不耐，對人頤指氣使且輕易推開關心與建議，像是個長不大又無理取鬧的孩子，那麼，無論你在外建立怎麼樣的形象，只要有人在你身邊待上更長一段時間，你是不是就會忍不住那樣對待他人呢？

與其將對親近的人使性子當作理所當然，不如轉換個方式與他們相處吧。**就算有在外壓抑而無法抒發的情緒，也不一定要把這顆炸彈帶回家裡**。

試著以理性為自己梳理情緒，讓避風港陪你一起躲過外頭的狂風暴雨。或許家人不一定會用你喜歡的方式關心，但你可以從自己開始，讓善意流淌在與家人的互動之間。**若你能用更正向**

溫和的態度對待身邊親近的人，那麼，你與任何人相處就能更游刃有餘。或許有天你再回頭看看那個曾經在外笑臉迎人、在家情緒暴走的自己，會覺得面目可憎。

P.S.

回到家就任憑自己情緒氾濫，那無論你有多好的風評、多受歡迎的人際關係，充其量都只是虛名，早晚日久見人品。

把原諒當習慣，只會寵出反覆犯錯的慣犯

#心太軟的後果是傷身又傷心
#同情他更要同情自己

原諒並不是在做慈善事業，只給一次機會與小氣無關。應該要反問對方，到底還要傷害你幾次才肯罷休？

我們都很清楚，那些錯誤不是手滑翻倒飲料或者忘記時間遲到，而是經過判斷和思考，再佐以僥倖的心態才決意行動。**就因為起心動念的意義截然不同，才不能數次說沒關係就算了。**

尤其，在他猶豫不決之際，腦海肯定閃過你傷心、失望的表情，也許他對你還是在意，只是最後選擇了割捨。如果這只是一次的誤入歧途，在東窗事發後他選擇浪子回頭，那麼放過他這次也無妨，因為這其實也是放過害怕失去這段關係的你自

己。只要誠心悔過，只要不再提起，就當駛錯路後的掉頭，重新再來還是可以一路暢通。

你不是那種不允許他人有任何犯錯機會的人，**但原諒也是不能濫用的**。他可以不小心做錯事情，但必須清楚知道如果再犯錯一次，就有很大的可能性會失去你，所以戒慎恐懼。如果一次教訓還是學不會珍惜，那這就是底線；你要讓他明白越過了這條線，就不會有然後了。**而你也要意識到從此不存在下不為例，因為你的不勇敢果決，只會讓他軟土深掘**。

我想真正愛你的人，不會試探你的底線、不斷碰觸你的敏感神經，更不會反覆允許自己的作為讓你心碎。你同情他，更要同情自己，無論他是有意為之還是無心之過，同樣的錯誤數次發生，你都不能將其視為偶然，而是要讓他明白代價是什麼。

任何誠心的致歉，很難不讓人心軟，所以要你不再原諒第二次，肯定還是強人所難。只希望你能記得，**心太軟的後果，往往傷身又傷心**，且最終將會成為你的軟肋，也是他的把柄。

給彼此最好的台階，並不是對犯錯的事情視若無睹、草草帶過，而是如果你不在意這段關係，那我也沒有顧慮，果斷分開，各自安好，也就不會傷人害己。

P.S.

原諒這種東西最多就只能一次，
如果那次沒讓他害怕可能失去你，就還會有下一次。

對你不聞不問的人，你便同等對待；對你不離不棄的人，更要加倍奉還

#無用的關係就讓它去蕪存菁
#時間留給那片片真心

人與人的來往雖然不是等價交換，**但雪中送炭的情要還，對冷漠的人也要回以冷眼旁觀**。

我始終弄不明白，一味地討好著沒有將你放在眼裡的人，然後把真正關心你的親友放在很靠後的順位，是什麼樣的邏輯？你追著他的背影搖尾乞憐，他只是略施幾秒的恩惠，看個你幾眼就能讓你心滿意足，到底是要讓自己有多麼卑微，才會以此為生活重心？

我常用看似說教的苦口婆心，去勸落入自身盲點的善男信女。

我知道能聽進去的人不多，但若有那麼一個人能因此開始思考自己的處境，去校正看待是非的角度與對待人際的選擇，便都是值得的。如同過去的我，也曾在差點墜落的時刻，被幾句勸戒和開導給拉住。

國中的時候，我曾因同儕的影響差點誤入歧途，覺得能反抗體制、做違禁的事情很帥氣。即便當時我明白這些都是不對的，但總因為好玩、叛逆以及害怕不這麼做就會被丟下，而用無所謂的態度去遮蓋內心的良知與不安。

有次和同學們犯了校規，我的老師單獨找我去辦公室，一坐下來便說：「我知道你和他們不一樣。」這句話我至今仍記憶深刻。他告訴我，常看見我爸媽放學來接送我，知道我的家庭應該是幸福的，而我不應該做會讓他們傷心的事情。我低著頭沒有說話。「你這年紀，會想和使壞的同學玩在一起很正常，但要分清楚什麼是對與錯。如果因為你不和他們一起就不理你，那又怎樣？我敢跟你保證，幾年後你們生活不僅不會有交集，甚至也不會再聯絡。所以，**你要思考你現在的所作所為，會如何影響你未來的人生。**」老師語重心長地和我說。「我也很想幫助他們，但他們的家庭環境讓我力有未逮，只能救一個算一個了。」不知道是被說中了心聲，還是無法反駁，那個當下我只想要趕快離開。老師拍了拍我的肩膀，微笑地告訴我，他教書超過二十年不會看走眼的。

多年後老師的話應驗，成群結黨的同學們皆走散了。後來臉書的崛起，有個年少玩伴聯繫上我，先問了我的近況閒聊了幾句，再來就是向我借錢，可我只記得他是國中時，那群因為我不再想同流合汙，而集體疏離我的其中一分子。我沒再回應他，就像告別了曾經的年少輕狂。這都是各自的選擇，沒有對錯，**我只是不想再將人生蹉跎於不重要的人事物上**。

時光荏苒，我想我應該沒有讓老師看走眼，一次的醍醐灌頂，改變了我的視野。**那些注定要遠離的人、不將你放在心裡的人，任何的交集都是揮霍時間**。而心的空間有限，能裝下幾個重要的人、幾件重要的事便恰到好處。尤其最可貴的莫過於，無論怎麼顛沛流離、怎麼物換星移，始終圍繞著你公轉的人們，除了好好珍惜，我想，已經沒有更好的方式來回報了。無用的關係就讓它去蕪存菁，我們的餘力，都只該留給那片片真心。

P.S.

「要珍惜身邊重要的人」這句話，就像是那灑狗血的韓劇，很老哽，但還是不會過時的鐵律。

在頻率相同的當下盡情揮霍，在強留不住的某天祝福目送

#友情從來都別去強求
#不用海誓山盟也不用天長地久

任何一段關係都是有期限的，尤其是友情，可以是越陳越香的酒，也可以是未開封就融化的奶油。

我們的記憶裡，肯定都有許多過去很要好，但現在若不去用力回想，甚至都快要記不起的姓名和身影。隨著人生的軌跡不再重疊，各自擁有新的交友圈，即使約定好要保持聯絡，可匆忙的日常總不允許心想事成。一次未到改約下次，下次未到改約某日，而某日是張沒有日期的車票，不知何時到站、何時駛離，只能默認那尚未兌現的承諾，是彼此走散的路口。

我曾很認真地悼念那些不再親暱的友誼，雖然沒有交惡，甚至社群仍能看見彼此的近況，但一想到有天若見面了，其實也不知道該聊什麼，徒留客套和尷尬，我便知曉那些喧鬧歡騰的過往，都只能是相簿裡的一隅。

對比愛情，友情的門檻低多了，可能就憑一次聚會、一次見面甚至一句話，關係就這麼確立了。所以朋友來得多，去得也多，就像用手接雨水，**有的可以被你捧在手心上，也可能隨時從指縫間流走**。接著再下一場雨，你又可以接住其他的雨水，可原本被捧在手心上的，也就被溢出你的生活圈外。

所以友情，我們從來都別去強求。合則來不合則去，本身並不是誰的問題，太多的可能性讓我們在人際關係中走散，即使稱兄道弟、互稱姊妹的閨蜜，都會有自己的生命歷程。你伴他走過低谷，他繽紛你的年少時代，至少在彼此交會的那段時光，都因為對方而精采，這就是朋友的意義。

不用海誓山盟，也不用天長地久，在頻率相同的當下我們盡情揮霍，在強留不住的某天我們祝福目送。就算不再能要好如初，但遠遠關心、偶爾談笑，對方需要幫助的時候也能伸出援手，不必執著於要時時刻刻緊密聯繫。

當然也有被最好的朋友背叛的故事，或者背後道人長短、挑撥離間也不少見。或許你會對那些付出的真心感到不值，對人性失望，但這種種撕裂的過程，未必要全盤推翻你們往日的炙熱。只是說明你們走到了這兒，已不再是同路人，趁早斷捨這樣有毒的情誼，如同倒掉一瓶你捨不得喝卻放到酸臭的過期鮮奶，多美味都是過去的事，他早就不是你喜歡的樣子。

最終，我們都只能致那些已走散的朋友，可惜不能一起走到最後，至於未來還有沒有碰頭的路口，誰都說不準，**但慶幸的是，我們在彼此的青春裡曾那麼要好過。**

P.S.

珍惜每段進入我們生命的緣分，
但頻率不同的人，也不要吝嗇讓他成為過客。

當你不在意時，面對攻擊便能毫髮無傷

#遠離那些無端的叫罵
#不重要的話語左耳進右耳出

言語是刀，行為是槍，只要帶有惡意，要讓你遍體鱗傷是輕而易舉的事情。

排擠、霸凌就像人際關係裡的蟑螂，讓人厭惡卻無處不在，甚至現在還有太多連本人都沒相處過，卻可以無止盡地造謠謾罵的網路霸凌。我始終不解這樣做的用意為何，他討厭你、看不慣你，那不看、遠離便可，何必要趕盡殺絕？你沒招惹他、迫害他，只是在自得其樂，他為何要去成為別人的噩夢？

我的朋友A曾和我分享他朋友小傑的故事。他認識小傑時，不是被他俊俏的臉蛋吸引，而是他手腕上的傷疤。小傑是同志，他有著輕柔的聲音和靦腆的笑容，只是這樣的特質在讀高中男校時，就成了班上欺凌他的原因，手上的痕跡也是在那時落下。他變得低調，盡可能不發出會被嘲笑、模仿的聲音，也漸漸看淡現實生活的人際，轉而在網路找到了能包容他的世界，A就是在那時候遇見小傑的。

「只有一個同志的時候，也許你是異類，但有一群同志時，我們就是同類。」朋友A同樣也是因同志身分而被霸凌的過來人，他告訴小傑，自己的心上也有與他相同的傷口，不過放心，之後都會結痂的。A不斷地將他所經歷過的冷暖告訴小傑，從不敢以真面目示人到現在能侃侃而談，**其實差別只在於心境的轉換**。當你能不再因自己的性向感到羞愧，**那誰的嘴說什麼話，頂多就像馬路上的宣傳車，再嘈雜也不關我們的事**。

A和我說，小傑真的有把他的話聽進去，後來人漸漸變得開朗，也重新走入現實生活的人群中，一切都是往好的方向走，直到小傑愛上了直男朋友。小傑勇敢告白，直男和他說明自己的性向後拒絕，之後便不了了之。不過只是一次失戀，對小傑來說收拾個幾天或許也就好了，可接連幾天，他開始收到陌生訊息，有的嘲諷他不知好歹，有的怒罵他看清楚自己是什麼貨色，還有共同朋友的動態上意有所指地寫下一個「關於Gay愛上直男的故事」，而下方的訕笑留言雖未指名道姓，卻字字扎在小傑心上。他開始發現聚會沒人找他，共同群組不再有人講話，看來他們已另開了沒有他的天地。他鼓起勇氣點進直男朋友的動態，只看見一張自拍，寫著「同志天菜」。

小傑不曉得愛了一個人，會讓自己變成天大笑話，不曉得曾以為能包容他的世界竟會崩塌。他瞬間回到了高中時期的事故現場，被排擠霸凌的日常，以及那個拿刀劃傷自己的夜晚。

後來的故事我便不再多提，A只是告訴我，他真的很希望能將一部分的勇氣給小傑。如果可以，面對那些不理性的言語或意見，就把他們當作不重要的存在。**他們的諷刺和酸言都只是為了獲得小小的成就感，當你能對這些攻擊嗤之以鼻，他們就什麼都不是。**

如果可以，就讓自己遠離那些無端的叫罵，一扇門的距離就可以是兩個世界。這群人討厭你，那群人喜歡你，二分之一的機率就足夠讓你為自己再活下去，只是前提是，你要先分得清哪些是不需要聽的靡靡之音，哪些是美好的陽春白雪，**哪些聲音要聽進心裡，哪些該左耳進右耳出。**

要產生對惡意的抗體，或許得花上大把的時間，以及勢必會受傷的心理準備。但首先，你一定要有保護好自己的決心，肯定自己的特別，不為自己的不一樣而感到遲疑與羞愧。**會有那麼**

一天，漫天的炮火在你眼裡就像在光年外的星辰，只能在遠處囂張，你看得到，但他們卻拿你沒辦法；而你一低頭，圍繞在身邊的只有你愛的霓虹。

P.S.

最強的反擊不是硬碰硬，
而是壓根沒把他們的敵意放在眼裡。

讓自己遠離那些無端的叫罵，
一扇門的距離就可以是兩個世界。
這群人討厭你，那群人喜歡你，
二分之一的機率就足夠讓你為自己再活下去。

在職場花的時間比家人多，那同事怎麼不能是朋友

#能成為朋友最好
#不然至少和平共處

就算是在職場碰頭，頻率若能相同，自然會成一夥。

我看過太多職場哲學，勸戒大家別在工作上交朋友，最好秉持著「上班好同事，下班不認識」的生存法則，讓公私分明，可以省去很多麻煩。但所謂的麻煩是什麼？是怕落入利益糾葛與衝突、是擔心著了爾虞我詐的手段，還是自己成為茶水間閒話的主角？

這些我都認同，**但即便不是在職場發生，在校園、朋友間或甚至是家中，這些事情難道還有少出現過嗎？**和同學也會遇到爭

排名和獎學金的時候，就算成績再好，跟師長的關係、爭取榮譽也同等重要；曾經稱兄道弟的摯友，要撕破臉、道人長短或是拉攏小團體也屢見不鮮；同個屋簷下也會有婆媳問題、妯娌之爭，連親兄弟也要明算帳，那為什麼在職場上和他人關係要好，就彷彿觸碰什麼禁忌一樣？

也許我運氣比較好，第一份工作就結交到許多年齡相仿的同事好友，上班時能暢所欲言，下班後也可以聚餐逛街；因此對於剛進入社會的我來說，上班是一件很快樂的事情。後來更換環境，更認識到許多離職多年仍緊密聯繫的摯友，以及分布在不同領域卻能互相協助的夥伴。雖然當時還是有著不少狗屁倒灶的公事，但也因為有著這麼多能傾訴與互助的戰友，回憶起那段時光仍是愉快的。

當然我還是有過同事愛推卸工作、表面要好背後放冷箭，甚至還有被小團體排擠的經歷；我也試過整天待在座位、戴上耳機，不管世事地做好本分就下班。其實要在一份工作安身立命的方式很多，最差的大不了離職也可以。但對我來說，工作要的，並不只是每個月匯進來的薪水而已，**既然每天長達三分之一的時間要在公司與公事間穿梭，那何不試著與共事的對象建立起良好的情誼**。能成為朋友最好，不然至少和平共處、以禮相待，若真的三觀不合就保持距離即可，實在無須因為是在職場相逢，就要為這段人際關係扣上枷鎖，好像一旦深交了，就隨時要提防對方會背叛陷害。

在工作環境中對人保持善意、廣結善緣，終究還是利大於弊的。或許會不巧地遇到面善心惡的有心人士，或是工作理念不合的同事，但這就像在感情裡錯愛一樣，**沒道理因噎廢食地果斷認定職場的友誼都華而不實**。

或許有很多人在工作場合上吃過人際關係的虧，以為是可以放心抱怨的關係，卻成了背地裡的閒言閒語，導致一談到在職場上交友，就像踩了個大地雷。但能當成朋友的，不管在哪個環境都能志同道合，同樣地，人心險惡也不僅會發生在職場裡。所以，你可以不問是非來保全自己，也可以選擇放開心胸來結交情誼，既然是每天都要見面的人，只要拿捏好分寸，留意對方的人品，**多一個能共同抵禦工作地獄的好同事，也算是每個不想上班的日常裡，少數值得開心的事。**

P.S.

先做能合作的好同事，再成為合拍的好朋友，職場的人際關係沒有這麼複雜。

不再祝福誰長命百歲，只願能餘生喜樂安康

#沒有活出自己長命百歲便是詛咒
#讓快樂佔據人生的大部分

壽命的意義並不在於時間，而是**在這有限的時間裡，你活成什麼樣的自己**。

小時候長輩生日，不外乎祝福「長命百歲」、「福如東海壽比南山」，總認為能活得長久，就是老天爺給的最棒的禮物。然而，還記得阿嬤生前最後幾年，因長達數十年的慢性疾病越發嚴重，大多時間都躺在床上睡睡醒醒，萎縮的雙腿也已不再能夠站立。大量的藥物衰弱了她的精神，讓她醒著卻像睡著，認不得我，也無法言語。

我還記得最後一次見到阿嬤，她坐在輪椅上眼神無比空洞，像極了《全面啟動》裡墜落混沌域的意識空間。我們的話語她沒有反應，只是直愣愣地看著前方，我不曉得當時她在想著什麼，是在倒數著自己的死期？還是神遊到人生最快樂的時期？我不知道。

離開時，我看著她的背影獨自在長廊，沒想過那就是此生最後一面。當時我很感嘆，**原來人生最大的身不由己，是沒有選擇的苟延殘喘，是求生不得求死不能的無奈**。後來在葬禮上，法師說阿嬤已經到了沒病沒痛的極樂世界，如果真是如此，我想阿嬤一定遺憾為什麼不能早個十年來到那兒。畢竟比死亡更可怕的，是把再也感受不到快樂的靈魂，放在殘破的軀體裡度日如年。

我很抱歉，曾以為長命百歲是祝福，沒想到最後卻成了詛咒。

人生真的如戲，**時間長短不如劇情精采斑斕，重要的是我們有沒有活成理想的自己**。保持身體與心理健康、注意安全，做想做的事情、去想去的地方、珍惜想愛的人，為理想和目標努力，盡可能讓快樂佔據人生大部分的比例。

餘生如此，夫復何求，以此祝福，有你有我。

P.S.

壽命就像是樂透號碼，無論最後停在哪個數字，都希望這一生過得像中獎般快樂。

關於—— #溝通

輯五

把話說開，也要足夠柔軟

不一定要事事說破才叫誠實，各留一線也不是壞事

#誠實不是用粗暴的態度去解決
#加點修飾是為了保護對方

心直口快並不是真誠，因為當你處處得罪人，即便你說的都是真的，也沒有人在乎了。

每當我聽到有人把「正直」、「直率」作為自己的優點時，我都會替他捏一把冷汗，因為在這些看似褒揚的詞彙背後，實際有可能是「白目」、「無理」。自詡為人很真的人，會懷抱著很高的道德感，以及睥睨俗人的優越感，**他們信奉有話直說才是真理，卻沒發現自己成為話題的終結者、職場的未爆彈，以及戀愛失敗者。**

人和人相處，講求的當然是真誠，但真誠並非是一幢家徒四壁的空屋，什麼都沒有才是無瑕。**來點裝潢、放點裝飾，暖色的燈光配上柔軟的沙發，這樣難道不舒服嗎？**無論是人際關係的應對或者團隊組織的配合，能照顧到彼此的心情、環境的和諧，以及後續長遠的發展，把真理的稜角磨得圓滑，讓大家捧在手上都不會被割傷，這就是交際的能力。

好，我知道有的人不喜歡拐彎抹角，不如舉個直白的例子。

在茶水間，同事們都議論著主管就是個昏君、傻子，但在會議上你敢不敢拍桌直接說出來？不敢的話，那你就稱不上是「直率」，可若敢的話，你的大言不慚很快就會讓你跟職場說拜拜，你的滿腹熱忱與更好的點子，也都不具任何意義了。再舉個例子，主管搶在你之前大罵你是個傻子、飯桶，這是他主觀認定的事實，你又能不能接受主管如此直率與坦白呢？

希望你能明白，**不有話直說並不是心機、城府深，而是不用粗暴的方式去解決問題**。自顧自地暢所欲言，卻沒發現一字一句都成了傷害關係的利器，為粗魯、不費力氣修飾的話語洋洋得意，還站在制高點瞧不起態度柔軟、說話經過大腦的人，那是不負責任的。文明的人要用文明的方式應對，比的不是誰拳頭硬，而是怎麼不揮拳也能有太平日子。

「真實」是最基本的，但同時你一定也能找到兼顧人和的辦法，**明辨什麼該說，什麼不說也無傷大雅**。不用偽善、矯揉造作也能學習好如何待人處世，你終會明白「人情留一線，日後好相見」的真諦。

P.S.

說話就像盤蛋炒飯，懂得閱讀空氣的人，
無須加油添醋也可以每句話都有滋有味；
而那些以為有蛋有飯就可以稱之為蛋炒飯的人，直白得讓人食不下嚥。

坦白沒有不好，但藏拙也很重要

#若不能顧及周全至少學著隱惡揚善
#就做自己有把握的事

做人真誠，並不代表要赤裸裸地展現全部的自我，有時候社會就像一場戲，你不用急著獻醜。

那天朋友阿南氣沖沖地打電話向我抱怨，這社會真的病了，我和他說你劈頭就來這句話，才像是病了。他接著問：「做人真誠不行嗎？努力不行嗎？」原來在短短一個月內，他接連在感情和工作中挫敗，想找另一位好朋友訴苦，最後還不歡而散。

首先，他之前認識一個不錯的異性，相處的過程很順利，眼看有機會發展下去，所以他也希望能向對方完全坦誠，揭露最真實的自己。於是他開誠布公自己工作不穩定的現況、房間很亂的生活習慣，連多次劈腿的感情史也交代得清清楚楚；最後，對方自從那次談天後便漸行漸遠。阿南說，對方當下明明沒有露出嫌惡的表情，怎麼能轉頭就跑，太現實了吧。

我說大哥，人家自我介紹欄是優點寫不完，恨不得讓每個人知道自己有多好，你還拿這些缺點大張旗鼓，怎麼還能怪對方呢？**想說實話當然可以，但你管不了其他人的耳朵想要聽什麼**，就好比我指責你這行為不對，這是我的實話，可你難免聽來刺耳；而讓你吃閉門羹的人，也是把真實的反應表現出來，你是不是也無法接受？

戀愛市場上要博得喜愛，本就要展現最好的自己，把缺點隱藏並不是瞞騙，而是還有進步的空間。**你的直言不諱，只會讓對方認為你雙手一攤「擺爛」，還要別人接受也太強人所難**。另外，把自己塑造成劈腿慣犯我還是頭一次聽到，無論你的感情史是好是壞，下一段又是全新的開始，你要想的是如何不把從前的過錯複製，而不是細數犯罪史和那些不光榮的戰績，那不是真，而是蠢。

其實說話的藝術有很多種，若不能顧及周全，至少學著隱惡揚善。有些人即使表現得再好，依然會被挑出毛病，更何況就這樣大剌剌地將缺點暴露，肯定容易成為別人的箭靶。**真誠很好，可是把缺陷隱藏並非就成為一個虛偽的人**，你既然無意欺瞞，也沒有想傷害對方的本意，只是不主動提及，甚至對方可能壓根也不在意，那麼就收好那些有待改善的缺失；或許來日再提起，你也已經校正好錯誤，可以大方地展現也不一定。

阿南不甘心地繼續闡述工作上吃鱉的狀況，他的老闆有件大案子需要人處理，事成後可以拿到豐厚的獎金。雖然和他的專業領域有些差距，但為了錢，阿南自告奮勇搶下這份工作。結果忙了幾個禮拜的成果，換來老闆的一肚子火，只好多花一筆錢請外包廠商緊急動工才沒開天窗。而阿南的努力泡湯不說，成本還從他的薪資裡面扣，不僅從此成為上司們的眼中釘，還落得同事間茶餘飯後的笑柄。

我告訴他，爭取表現的機會沒錯，只是要先誠實地面對自己的優劣，**如果還沒有足夠的信心與專業，掙來的任何機會，都可能變成拿石頭砸自己的腳**。每個人擅長的都不同，就像一名外貌出眾、演技超群的電影明星，若強行要拿麥克風當起歌手，卻唱得五音不全，排山倒海的批評勢必會重創他的演藝事業，也消耗他對表演的熱忱。

所以，為了不讓有心人抓住你的把柄，或用偏見來看待你的一片赤誠，**不如就做自己有把握的事，並打磨那些想做卻做得還**

不夠好的部分。也許未來有天會發光，但在還不成氣候以前，暫且先將瑕疵放在背後。

我曾看過一句話：「語言真正的功用，並不在表達我們的慾望，而是在於隱藏。」所以那些會自曝其短的話語，還是乖乖吞進肚子裡。**你不一定要把自己包裝得光鮮亮麗，但至少別讓人看見你衣衫襤褸**。

P.S.

既然錢不露白是擔心有心人的覬覦，那蠢不露白應該也可以避免自己成為笑柄。

就收好那些有待改善的缺失；
或許來日再提起，
你也已經校正好錯誤，
可以大方地展現也不一定。

與其和觀念不同的人對牛彈琴，不如放牛吃草也不關我的事情

#說到底只是立場不同
#省點力氣對彼此都好

不用跟價值觀不同的人爭辯太久，同樣的景色，你說這是夜景，他會說是光害。

每個人都有自己的想法，有的人願意傾聽且試著接受，有的人的想法則根深蒂固，別說說服了，光是一點分歧就會和你爭得沒完，非要拚個輸贏不罷休。

像是那些固執己見的主管和前輩，仗勢著自己的經驗和年資，就能輕而易舉推翻你所有的創意和想法；還有那些活在上個世代的長輩，拿著他們老掉牙的觀念，偏要你過著他們那種不怎

麼樣的人生。

而且不只年齡差異的歧見，還有被原生家庭影響的同輩，也試圖將耳濡目染的價值觀灌輸進你的腦海；或者相愛相惜的戀人，卻因為自身習慣不同而無法相知，就算有愛也做不到包容與理解。

可是，真的要說他們都是錯的嗎？其實倒也未必，說到底只是立場不同，而我們又亟欲想捍衛自己的想法而各持己見罷了。**既然道不同不相為謀，與其爭個你死我活，不如讓彼此暢所欲言**，你表達你的意見，他談他的高見。若能取得點共識那自然是個健康的溝通，可若找不到交叉點，那就左耳進右耳出，省點力氣對彼此都好。

我很喜歡一張基努李維流傳在網路的哏圖，內容寫著：「我現在的狀態就是遠離世間一切爭吵，即使你說1+1等於5，你也是對的，不客氣。」不爭不代表是對的，沉默也不是認同，**只是在無法互相理解的世界裡，我無話可說**。

P.S.

不是說著相同的語言，就能夠理性地溝通。還是尊重言論自由，但聽不進去也是我的自由。

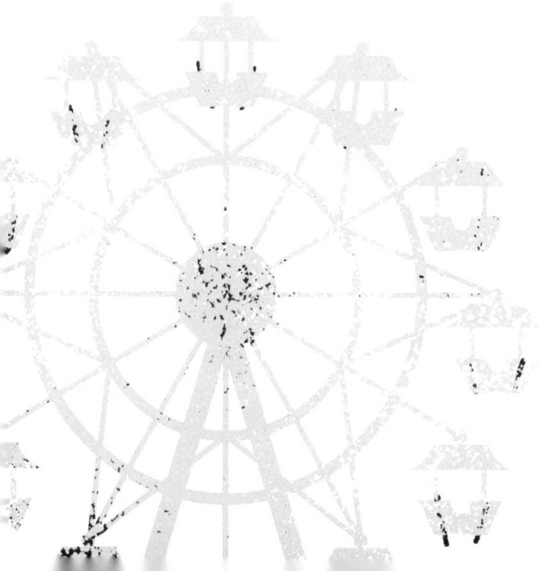

別把不尊重人美化成不善交際，別把無禮翻譯成做自己

#可以有個性但不代表可以任性
#不能對影響別人視若無睹

你可以不在乎別人怎麼想，但那並不代表你有資格合理化所有不尊重人的舉動。

記得有次工作需要專訪一位實力與名氣皆屬最頂尖的藝人，我自己也非常喜愛他的作品，因此內心相當雀躍。當天，他在前面拍攝期間都展現了善意與專業，效率也非常好，偶爾俏皮地喊著「我想快點回家」，整體氣氛都挺融洽的，而我像是個小粉絲，在旁期待稍後的訪問能和他暢聊。拍攝結束後，有組媒體先行訪問他，我遠遠看著氣氛不是太好，他的表情開始疑惑、抗拒，最後便把麥克風放下拒絕訪問，留下錯愕的工作人

員。待他稍作休息後，就要來接受我的專訪，而我內心也變得忐忑，擔心他受到上一場的情緒影響。

後來他回到現場，帶著笑容坐在我面前，我也不拖泥帶水地開啟了專訪。然而，我的擔心終究還是成真，即便我問著幾週前早已給他看過的訪綱題目，內容完全不涉及隱私或攻擊性，但他從第一題便幾個字簡答、不答，甚至跟我大眼瞪小眼、質疑我的問題，而我也盡可能安撫他的情緒，和他解釋這些題目的意義，而他只是皮笑肉不笑地說：「尷尬了吧。」瞬間只讓我發覺，原來舞台上受人景仰的大明星，也可以是如此不敬業地孩子氣。

我內心當下是疑惑的，這些題目不是都已經過你的同意了？題目完全與當天拍攝的主題相關，為什麼不能聊？我明白他或許還沒有從上一場的情緒平復，就當我掃到了颱風尾，但我相信如他這麼專業的藝人，應該也很清楚上述的回答完全讓人無法下筆，卻還是因一時的情緒遷怒了整個工作團隊，最後專訪只能虎頭蛇尾草草結束。

事後，我和其他人聊到當天情形，他們只是說著「本來就聽說他不好搞」、「他這是藝術家個性」，還有人跟我說「他那反應比官腔帥多了」。看著他們的反應，我甚至懷疑是自己大驚小怪。後來我上網搜尋，鍵入他的名字加上「難搞」，試圖找尋同溫層取暖，結果只看到了關於他的專訪，他自嘲：「很多人都說我難搞，但我還是要做自己，這是最基本的。」

我想不僅僅是他，有太多人誤解了什麼叫「做自己」。或許有人覺得不在乎他人眼光和想法是直率、是瀟灑，但活在群體社會的我們永遠有個前提，**就是不能對影響別人這件事視若無睹**。你可以有個性，但並不代表可以任性，影響了團體的運作；你可以有情緒，但並不是可以恣意鬧脾氣，將自己頭頂的烏雲壟罩他人的晴天。

同樣地，**我們也不該將任何不禮貌和不成熟的行為，因為對方的身分背景而採取雙重標準**。像是某個人做就是不合群，他做就是有個性，這樣只會寵出他的目中無人，學不會分寸。

話說回來，我依然非常喜歡那位藝人的作品，也不會因為親眼見過他的失控而全盤推翻他的人品。我仍希望他能秉持著專業與熱忱，以尊重每個共事的夥伴為前提，在龍蛇混雜的演藝圈中做自己。

P.S.

你不一定要很好相處，
但也別讓自己這麼討人厭。

做個情緒穩定的人，才能讓每次憤怒，都使人明白你是為了捍衛什麼

#保持平靜
#在對的時間點發對的脾氣

就算是脾氣好，也不要做個沒有性子的人，就像可愛的小貓，也有可以保護自己的利爪。

許安算是我見過脾氣最好的人之一，而且長得也討喜可愛，圓圓肉肉的臉，眼睛總是笑成一彎弧線，他的聲音也好聽，像是電台廣播裡有磁性又溫柔的嗓音。而我之所以會知道他脾氣好，是因為每一次某個人的道歉一落下，他就會用「沒關係」接住，在他眼中，彷彿所有對不住他的事情都是小事，他不僅不去追究，還總是會為他人搬好台階。我曾問他，你是真的都不在意嗎？他說在意可以分很多級，至少那些他說沒關係的事

情，能過就讓它過去。

要養成這樣的脾性，自然要有個榜樣。從小被外婆帶大的許安，個性在耳濡目染下，雖然年紀跟我差不多，但有著長輩式的沉穩與處變不驚。他的外婆有著傳統女性的堅毅與溫柔，雖然早年喪夫，也毫無怨言地一肩扛起整個家的重擔，沒想到兒子也因意外而離世，許安便成了她唯一的寄託。

許安在國中時，有次和同學打架進了學務處，外婆匆匆趕來學校，一見面就狠狠往他的手臂打了兩下，後來便直接跟老師請了假，帶他出去吃冰。沿路上兩人都沒有說話，直到八寶冰上桌，許安看了外婆一眼，但湯匙動都不敢動，以為自己要挨罵了。沒想到，外婆第一句話便說：「你其實做得很好，我沒有要怪你，只是如果我剛剛不打你，別人會誤以為你是沒有家教的孩子。」原來老師在電話中先解釋了原委，許安氣不過同學笑他沒爸媽、被老太婆帶大，於是便出手推了同學一把。外婆和他說：「我知道你的品行，你會生氣一定是對方冒犯，雖然動手也是不對，但保護好該保護的東西，這點你沒有錯。」她接著說：「我一生有太多磨難，對很多事情都已經看淡，結果你有樣學樣也像個小大人似的，還好這次讓我知道，**你還是會為了重要的事情憤怒**，不要像我，連怨天尤人的能力都沒有。」

從那一刻起許安懂了，外婆教會他心平氣和，不是要讓他成為一個打不還手、罵不還口的濫好人，是要他不被情緒煽動，能與人保持和睦，好去面對這無法選擇的成長背景。他做到了，但也沒有做到，他還是控制不住為了重要的事情與人紛爭，可幸運的是，他日常的好脾氣使得憤怒的原因一覽無遺，**讓每個人都知道他並不易怒，卻會義無反顧地保護該保護的人**。

「所以你最好不要看到我生氣，不是因為有多可怕，而是代表有人試圖對我在意的事情挑釁。」許安半開玩笑地說著。

我想，這就是我們最想活成的那種情緒穩定的大人，**沒人會說他不好相處，也沒人會隨意在他的底線碰觸**。有著很高的情商，能消化不必要的負面念想，用著表裡如一的好脾氣，來彰顯他的壞情緒都是其來有自的合理。

保持平靜，才能讓你想要表達的喜怒哀樂，從此都有意義。

P.S.

學會在對的時間點發對的脾氣，你的在意才會更讓其他人在意。

好脾氣的人不是沒有情緒，只是他們更懂得怎麼發洩

#讓怒氣慢半拍
#不用好脾氣但先代謝情緒

你不是不能生氣，而是要把氣出對地方。

我得承認，在多年以前我並不是個好脾氣的人，而且更糟糕的是，我在外是個情緒極度穩定的人，可回到家我便會把情緒帶到家人身上，稍有不耐就會毫無顧忌地發洩。所以很長一段時間，每當自己被他人提及是個脾氣好、溫柔的人，我總是感到心虛。

好幾次我都捫心自問，問題到底出在哪裡？我明明知道家人對我的關愛都是好意，就算嘮叨幾句也用不著甩脾氣，但怎麼總

是控制不住自己？我看過心理師分析，有些人會將日常的壓力，朝認定怎麼樣都不會離開的家人發洩，但說真的，我也不認為自己壓力有大到需要儲存不滿，回到家才傾瀉。於是我左思右想得到的結論，就是我有太多毫無意義的情緒，沒讓理智先行過濾，其實只要幾次的深呼吸就可以代謝，還可以免去後續的爭執與對峙，算得上一筆穩賺不賠的交易。

平心而論，我相信每個人都有過許多當下很暴怒，回頭看卻是莫名的情緒，只是面子拉不下而強詞奪理。但其實，**這股氣不發也沒有關係，就算想發，也用不著往風口浪尖上撞**。找個沒人的角落槌打抱枕、罵幾句髒話，怒氣也就這樣過去了，再不然吃道甜品、買個小禮物犒賞不隨意生氣的自己，不就又是個天下太平的好日子了。

好脾氣不用天生神經大條，只需要把宣洩的方式微調，**這用不**

上太多的忍耐，而是讓情緒慢半拍。這樣對待親近的人，會讓你成為高情商的人，也遠比動不動就發怒的人可愛太多；面對陌生人，你也可以趨吉避凶，好比那些因怒路症而引起紛爭的人，如果在按喇叭前多想一下，換成在車內啐出幾口咒罵，也就不會發生無意義的糾紛或者憾事了。

你不用做個好脾氣的人，但你可以先行過濾雜亂無章的情緒，找到適當的方式發洩，**做個讓團體氣氛融洽的關鍵人物，久而久之，你也會喜歡自己的樣子**。

P.S.

情緒穩定的人，
運氣一定不會太差。

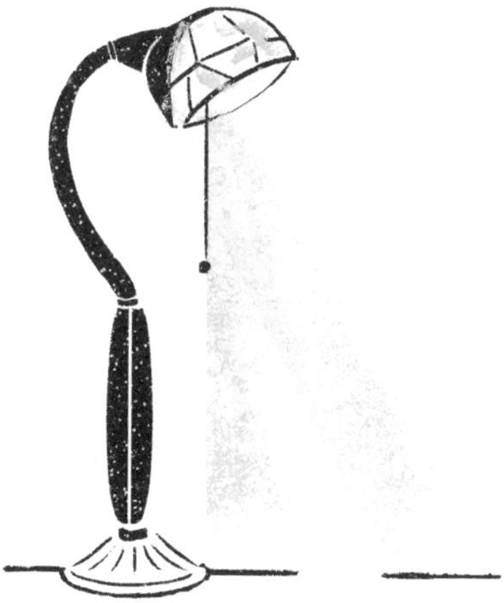

把說教放到安撫之後，一句「沒事的」比什麼都還有用

#心要先開耳朵才會開
#懂得順序安排

很多時候你說的都對，但他要的不是這些，是你能感同身受的安慰。

他現在心情不好，想吃炸雞薯條，你卻逼他嚥下青菜沙拉。他怎麼會不知道什麼對健康最好，而你卻自以為滿腹經綸地賣弄經驗和知識，不顧他當下的需要，一股腦地對他做營養宣導。

我們時常把對錯放在最前面，叨叨絮絮地用道理佐證，卻不問事情發生的脈絡，更忽視當事人的感受。接著他的一句「你都不懂」，直接將對話升級成爭執，**明明你們說的都沒有錯，卻**

都說在了兩條平行線上。你覺得說這些是為他好，但從沒想過，他也許早知道自己哪裡做得不好，只是情緒不放過他，溺水在不快樂裡只想要你拉他一把，而不是要你教他怎麼游泳。

如果你不懂得如何安慰，不想說好聽的話來敷衍，**那其實只要靜靜陪在身邊，讓他知道自己不是一個人；**和他說一句「沒事的」，就能弭平他內心的躁動；帶他去吃一頓好吃的，讓幸福感從味蕾趕跑他的眼淚；或者給他一個貼近心臟的擁抱，在耳邊告訴他已經做得很好了。

當他的心開了，耳朵才會跟著打開，你的建言和開導也才會從耳膜滑進心裡。說到底，其實只是交換個順序，**在他每個焦躁不安的當下，讓他明白就算這個世界與他為敵，你會陪他一起抵禦**。

P.S.

大多數的當事人都知道問題所在，所以你不需要急著複誦道理，先為流淚的人遞上面紙，有時這樣的雪中送炭會讓他記一輩子。

和他說一句「沒事的」，帶他去吃一頓好吃的，
或給他一個貼近心臟的擁抱，
在耳邊告訴他已經做得很好了。

示弱不是弱，是我比想像中還要愛你很多很多

#有愛的人不會計較要先放軟
#別講贏了道理但輸了感情

兩個人之間產生分歧，沒有愛的人就會越走越分離，**但只要心裡有愛，怎麼樣都還是會想往對方奔去。**

我小的時候脾氣很拗，偶爾都會和媽鬧彆扭，她要我做什麼我不喜歡的事情，我就會不開心，嘴嘟著一句話都不說。又或是我記得某次她帶我去剪頭髮，媽叮嚀理髮師把我的頭髮剪短一點，結果照鏡子的當下我就傻了，回程的路上又哭又鬧，拚命責備她亂下指導棋害我變成這樣。而她的反應跟大多數的媽媽一樣，回頭就是大聲斥責，拿出大人的權威強勢回擊，我的無理取鬧和她的疾言厲色，最終總落得不歡而散的結局。

其實哭鬧過了，事情也就算了，但小孩子的尊嚴和性子還沒被揉捏成圓滑的形狀，壓根也還沒學會冷戰該怎麼止戰，所以持續為著芝麻綠豆大的小事，死守著自己的倔強。但往往過沒幾個鐘頭，媽就會騎著機車出去，然後帶著雞排、珍珠奶茶還是紅豆餅回來，拿到我的旁邊放著要我吃。只能說媽很懂，我這金牛座吃貨，沒有什麼是美食不能解決的。

小時候會覺得自己又獲得一場勝利，長大後才明白自己愚不可及，**媽原來都是用著示弱，示範著有多麼愛我**。

我時常在思考，兩個相愛的人爭得面紅耳赤的意義是什麼，是為了異中求同而激烈辯論，還是只想分出個高下來博得話語權？但如果各持己見，這題又該怎麼解決？總不會要沒做錯的人認錯、有道理的人屈服和將就吧。那爭吵比的就是誰說話大聲、誰死不認錯不是嗎？

後來我才漸漸明白，架該吵、理該爭，但沒有人是惡人，你指著鼻子罵的人不是討厭的主管、不是陌生的瘋子，而是你最親近的人。**就因為對方是如此特別的存在，彼此的唇槍舌戰除了道理，更要有愛**。就算講贏了對方但輸了感情，那便還是一無所有。

你會發現你的偏執是頭會嗜愛的野獸，啃食掉情感，就算及時大澈大悟也覆水難收，多少人的老死不相往來沒有伴隨著後悔；**後悔的不是自己做錯了什麼，而是當初怎麼沒多做些什麼，沒有微微讓步、沒有小小示弱**。如果重頭來過，或許你不會再當堅硬的頑石，而是有彈性的皮球，這樣或許依然能要好如初。

有愛的人，不會計較為什麼放軟的是自己，不會糾結在對方態度強硬，因為這都是需要學習的。領悟了這個道理，就能當個願意先示弱的人。若對方資質駑鈍不成器，還慣性地將你的溫柔視為理所當然，你的愛自然會消磨殆盡。但在這之前，你還是願意不厭其煩地表達善意，讓他曉得，**遠遠比是非對錯更重要的事情，就是我有多麼愛你**。

P.S.

在重要的人面前，願意讓步的腳後跟，踩的不是認錯的鞋印，而是一顆愛著對方的心。

如果你什麼都不敢說，那你之後也都不用說了

#別把悶虧和不滿全吞下肚
#只有你能為自己發聲

所謂的爭取，不是無理取鬧地爭，而是努力地去獲取你理想的結果。

很少人內心是沒有半點埋怨的，只要有他人的存在，彼此間些微的差異，都可能化作一朵烏雲，而要撥雲見日，**最有效的辦法就是溝通，說服彼此或者在異中求同**。然而，光是要主動開口就讓多少人打退堂鼓，有的人悶在心裡鬱鬱寡歡、咬牙切齒，有的人選擇私下抱怨，成為流言與誤會的開端。

在職場上、感情上，有多少次你心裡早已有了想法，卻開不了

口讓對方知道。你認為對方的想法不夠好，那你為什麼不試著提出見解；你覺得對方的行為不妥，那你為什麼不去撥亂反正；你感受到對方冒犯了你，那你為什麼不試著為自己發聲。如果對於這些事，你真的能夠雲淡風輕或者釋懷，那順其自然便是，可那明明已經長成芥蒂，你已經無法睜一隻眼閉一隻眼，卻還繼續沉默不語，只是放任一件簡單的事情盤根錯節下去。之後若想再提及，不是怕被說翻舊帳，就是只能在背地嚼舌根，只剩下你什麼都無法說的殘局。

很多話你不說，之後也不用說了，錯過了最好的時間點，咖啡會走味，善意會被曲解，你的想法也可能像來不及上車的車票，只能作廢。

說實話，我也不是一個有話直說的人，畢竟無心的直話也會成為別人耳裡的刺。但若先站在對方的立場思考，同時表達自己的想法，並不是一件太難的事情。舉例來說，你突然被要求了一個不屬於你範疇的工作，先別急著拒絕或者吞忍，而是詢問這麼做的原因為何，接著衡量自己能不能負擔。若能提出更好的解法當然很好，但如果不行，也將你的難處告知，無論最終結果如何，至少在當下有做到理性的討論與溝通，這就是一場健康的對話。同理，在人際關係裡也是，**你每句話的前提都不是為了吵架，而是為了建立對話的橋樑與解決的辦法**，那麼你便不用煩惱該不該開口讓對方知道，怕的只有你把悶虧和不滿全吞進肚子裡，灌到嗆出眼淚對方也不知道。

我們都是一樣的，他能提，你便能回，沒有什麼理所當然的誰高誰低、誰該進誰該退。

只有你願意為自己發聲，對方才聽得見。

P.S.

沒有人有義務去讀出你的心思，只等對方開口，
或總期待有人能為你說話，便等同於把自己的命運，交到別人手上。

想要無事一身輕，就得先要有拒絕的勇氣

#不要做個燙傷自己的好人
#沒幫上忙也不用感到抱歉

一個什麼都說好的人，肯定很討人喜歡，**但這份喜歡的代價，卻是用沒人看得見的辛苦換來的**。

我曾經是別人眼中那個「沒問題先生」，這對我來說並不是貶義，因為我很喜歡幫助人，也喜歡看那些得到幫助後的笑容。所以當別人有求於我，我幾乎不會拒絕，甚至當我勉為其難地婉拒，莫名的罪惡感會爬滿全身，即便對方說著沒關係，我也總覺得欠他一個幫助。

我不是在做慈善事業，但我真的很難無視求助訊號。我曾為了

別人想要的東西而排隊幾個小時、為了幫同事脫罪而得罪上司、借了不是小數目的金錢讓對方買奢侈品，更誇張的事就不多提了。而且上述這些還都無關愛情，為了戀人我可以赴湯蹈火，又是另外的故事。

有人說這樣的善良是美德，也有人說何必這麼有求必應，而在看到心理學上的「討好型人格」後，我終於得到了解答。「慣性犧牲自己、以別人的想法優先、渴望被喜愛、不懂得拒絕、擔心得罪人、沒有底線」等行為特質，彷彿像是貼在我姓名上的標籤。我竟不在乎別人把麻煩我當作家常便飯，只在意自己是否招待不周；明明幫助人曾是使我開心的事情，但後來逐漸變調時，我卻沒察覺哪裡出了問題。我的好在別人眼裡是理所當然，做得越多反而越不被當作一回事，**我才明白能有求必應的不是神，就是傻到沒有原則的人**。

為了別人的事情忙得焦頭爛額，本質上就脫離了幫助的美意，就像你想幫別人還債卻散盡家產，**本末倒置的結果就是為難了自己**。

我印象最深刻的一次拒絕，是那個老愛跟我借錢的朋友，在還完跟我借的錢後又再次開口，那一瞬間我便醒了，**原來我的毫無底線，也會豢養出別人的毫無底線**。我忽然分辨得出他第一次借錢時，低聲下氣裡盡是忐忑與無奈，和多次借錢之後，雖然同樣地可憐兮兮，但語氣中卻有著肯定，彷彿吃定了我不會拒絕。我心一橫直說了沒辦法，當下在他眼神裡看到了一絲震驚，但我沒有對不起他，而他也摸摸鼻子說會再想辦法，我便明白自己做對了事情。

我沒有向想要討好他人的焦慮妥協，沒有被怕別人失望的恐懼威脅，就那麼一次果斷地拒絕，我終於和「討好型人格」和解。**即便我還是會伸手救援溺水的人，但我已不再為拒絕感到抱歉**。只幫我想幫的，只做我想做的，跟隨內心的聲音，做一個溫暖，但不燙傷自己的好人。

P.S.

拒絕不是自私，是承認自己力有未逮。沒能幫上忙固然抱歉，但於情於理都是兩不相欠。

別對你明明很在意的人故意冷漠，把話說開遠好過情緒勒索

#別用鬧脾氣來索討關心
#冷戰可能留下遺憾

想要表現出自己的壞情緒，不要只有鬧脾氣，尤其我們永遠不曉得對方是會哄，還是一聲不響地走。

被重要的人惹得不開心了，你會怎麼做？是直接大發雷霆嗎？但也許你不是這麼大鳴大放地彰顯脾氣的人。那還是用道理叨絮絮地對峙呢？可是心情差的時候，道理都沾有偏見，而且也不想費唇舌來激辯。所以，大多數的人通常還是什麼都不說，卻悶出一個大大的苦瓜臉吧。

然而，並不是所有人都有閱讀空氣的能力，**你因他而生的壞情**

緒，對他來說可能完全摸不著頭緒。你鋒利的眼神、冷漠的回應，很多時候都是你自己的小劇場而已，你想要藉此讓他感到愧疚、抱歉，可往往他只會莫名其妙，不是讓本來風平浪靜的心情反倒被你激發起怒火，就是連甩都不想甩你，看誰的冷戰比較持久。

可說穿了，你不就是想要等他問你一句「怎麼了」？像在密閉的空間裡為你開一扇窗，透氣之後你才願意表達。但如果交換順序，**打從一開始你便指出他哪裡不是，是不是就能避免未知走向的冷戰**，用不著猜他會如何應對，也降低從一個人的火氣，變成兩個人劍拔弩張的風險。

如果有那麼一口氣，在你給自己時間冷靜後依然嚥不下去，**就直截了當地和對方說吧，別怕打壞關係，畢竟你用情緒勒索的方式也不會好到哪裡去**。或許是誤會一場，也能給對方解釋的機會，都好過經歷無謂的心理角力，卻沒有解決半點事情。

永遠記得，**每段關係從相遇到相惜都得來不易，別為了那些不值一提的小事賭氣**。畢竟你不會曉得，如果就因為這幼稚的舉動而掀起更大的波瀾，直到讓這段緣分散去，那遺憾的後座力，你承不承受得起。

P.S.

明明渴望他的關心，卻要用鬧脾氣來索討，就像濫用止痛藥，總有一天抗藥性會讓你知曉，這一招再也沒效。

如果有那麼一口氣，
在你給自己時間冷靜後依然嚥不下去，
就直截了當地和對方說吧。

別怕打壞關係，
畢竟你用情緒勒索的方式
也不會好到哪裡去。

錯誤之後的真心抱歉，是唯一能被原諒的語言

#有錯就認
#受傷的人要的只是誠心道歉

不是完人，未必就是壞人，而真正壞掉的，是那個不願意面對的自己。

其實我不是很喜歡聽到有人和我說「對不起」，因為當道歉產生，代表必然發生了會影響到我的錯誤。即便我知道對方不是故意的，也沒嚴重到飛來橫禍的程度，內心難免還是會翻幾個白眼。可換個角度想，我又怎能毫無破綻地不成為飛進某個人眼裡的沙子，而當下的我除了道歉，也沒有任何能讓時光倒流到犯錯以前的能力。

我想這世界上沒有不犯錯的人，只有不願承認，或是沒被抓到疏漏而已。國中時曾有一名警察來學校演講，劈頭就問「有誰沒犯法過的請舉手？」大家不假思索地舉手，或者嬉鬧地舉發那些偷抽菸、偷騎機車的同學。而那名警察斬釘截鐵地說：「這些舉手的同學，是否曾經過馬路不走斑馬線？是否曾經沒把垃圾丟進垃圾桶裡？」大家面面相覷地放下了手。

所謂的錯，很多時候不是只有我們自己所認知的那些，也許是無意中犯下，或者以對方的角度認為是冒犯，卻不能用不知者無罪來開脫。也就因為如此，**我們不要總是站在受害者的位置，覺得錯的都是對方**。我們要能明辨是非，才能弄明白道歉的時機與真偽。

有錯就認，就算雙方都得負上責任，你依然可以針對自己錯的部分反省，並試著去得到對方的諒解。而若你錯得明顯，更應該真心悔過，其他狡辯、轉移焦點，甚至講出更多難以掩蓋的謊言，**都只是在傷害對方，同時也把自己逼向懸崖而已**。

其實受傷的人要的從來就不多，一個發自內心的道歉和懺悔，就足夠為他擦乾眼淚。

P.S.

只有你誠心地低下頭，表現滿腔的歉疚，對方才能從你愧疚的眼神裡，明白你還有救。

關於——— #愛情

輯六

在對的時間
遇見彼此

他不是忽然不愛你，而是有一天你終於發現

#慣性閃避就會麻痺
#不是一瞬間而是慢慢累積的

我們習慣漠視預兆，怕一旦在意，就會成真了。

每個人或多或少都知道愛情生病了會有什麼徵兆，都知道當一個人如果分心了，他的行為、他的語氣會有什麼變化。就因為這樣的改變，就像對方臉上那個一旦瞅見就再也移不開眼的污漬，**索性我們就慣性地閃避，閃避到五感都麻痺，看似風平浪靜，實則坐以待斃**。

說穿了，愛比較多的人終究還是怕失去，怕自己擅作主張點出問題，惹得對方不開心後就種下了心結；又怕若這問題確實存

在又無法解決，自己也無法收拾殘局。所以編織一個謊言，告訴自己這些都是小事，只要他沒說破，你不戳破，那這段感情依然還是那顆完好無缺的繽紛泡泡。

但從熱愛到不愛，從來就不會是一瞬間的事情。也許有人會認為，兩個人的關係如此緊密，怎麼會沒看到蛛絲馬跡？然而愛本身就是容易盲目的，就像是同一句唇語，你看的是「我愛你」，但也許他說的是「不愛你」。直到你從遠處慢慢靠近，才聽見他說的隻字片語，赫然發現那不是分開的序曲，而是故事早已來到尾聲。

所以，不要總在分手初期還抱有期待，以為對方只是一時衝動，緊抓住他的手就可以把他拽回懷裡。你不知道的是，**一個決定，可能是他想了大把日子，也可能是你一直不把你們之間的問題當作一回事**。

要承認對方早就不愛了真的很難，可也別再騙自己兩人完全相安無事。分開都是有原因的，差別只在誰先因為這個原因而過不去，誰先認輸而已。

P.S.

沒有人想要當壞人，而最終他選擇轉身離開，也許只是忍無可忍。

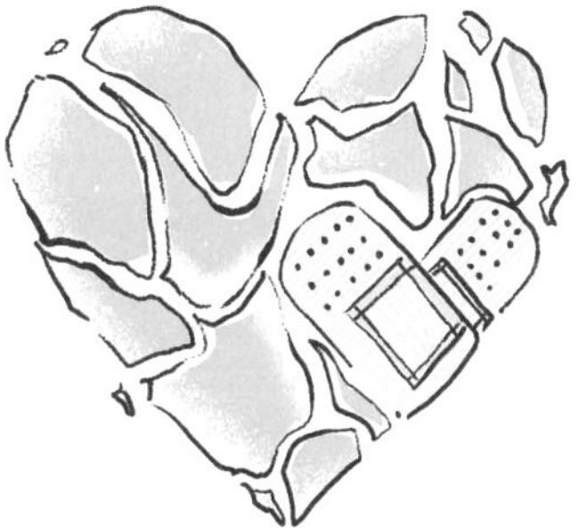

先理清楚為什麼愛他，你的付出才能理直氣壯

#每一份付出都師出有名
#愛情也需要理性來支撐

很多人說過「愛一個人不需要理由」，但我始終認為，這是一個過分合理化浪漫的台詞，我甚至真切地建議，每個人一定要非常清楚愛對方什麼。

感情雖然是感性的，但從心裡會開出那朵花，自然是要有原因的，就好比你喜歡一座城市，可以是因為美食、人文、風景等明確的理由，抑或是回憶、熟悉感等模糊的感受；無論怎麼描述，都不會是用「沒有理由」一筆帶過。同理，愛一個人可以是千百種常見的原因，從外在到內在，大至身家背景，小至氣味與聲音，就算是極致膚淺或羞於闡述，而不足為外人道的答

案，你都該心裡有數。也就是有這些原因，你才會願意獻出青春，即便耗盡時間與心力，也要從那起點開始，全神貫注地愛著他的全部。

知道自己愛他什麼，你才不會像隻無頭蒼蠅圍繞在他身邊，也才不會如飛蛾撲火，莫名其妙地弄傷自己還不自知。尤其，**多少人在一段關係走到盡頭時卻離不開，很大一部分原因，就是不知道當初為何拾起這份感情**，不曉得手上端著什麼無可替代的寶物，只是覺得放棄可惜，自然也不知道從何放下。

為了一個理由、一個目標，我們可以奮不顧身，可以細心呵護，也可能因為初衷不在而轉身離開。聽起來或許很現實，但同時也是一種選擇，**至少你能很清楚自己追求的是什麼，而不是為了一個虛無縹渺的感受，讓自己進退兩難**。

感性的柔軟，也需要理性來支撐，誠實面對自己所愛，任何理由便皆可成立。

讓你的每一份付出都師出有名。

P.S.

說出喜歡他的原因，並為這個原因忠誠地愛下去，這就是最浪漫的事情。

感情雖然是感性的，
但從心裡會開出那朵花，
自然是要有原因的。

就好比你喜歡一座城市，
可以是因為美食、
人文、風景等明確的理由，
抑或是回憶、熟悉感等模糊的感受。

如果只是想排解孤單，何必誇張成喜歡

#別以喜歡之名拉扯住彼此的人生
#只是希望有人陪根本不是喜歡

我們害怕孤單，所以尋找陪伴，而在孤單散去後，自動兩散。

那天鄭琪找我哭訴，說她暈船了。在上一段感情分手以後，她便在交友軟體裡面，找尋能讓她暫時忘掉前任身影的人。結果出來約會的對象，無論是職業、興趣或者眉眼之間，都不約而同有著前任的影子。

本來說好只是玩票性質，最後卻走了心，對方說她可愛、說喜歡她、說想她，她全都信了。她開始會等他的訊息、會想知道對方的行蹤、會吃醋，甚至開始不只是想在晚上才見面，最好每個週末都能一起過。而最後對方嫌煩了，丟下一句「跟我們當初說好的規則不一樣」便消失在她的世界。

鄭琪無奈地和我說，她忽然把自己的人生，演活了電影《左耳》裡的這句台詞：「我們都想要牽了手就能結婚的愛情，卻活在上了床也沒有結果的年代。」

但我告訴她，你們其實都是一樣的。

對他而言，他說的「喜歡」只是裝飾品，將兩人俗不可耐的關係妝點成浪漫的韻味；對鄭琪來說，她的「喜歡」也僅稱得上是贗品，送給還不想從失去醒來的自己。

害怕寂寞的人類，往往只是在溺水時抓到了一根浮木，就誤認為可以蓋一座木屋。但若褪去失戀後亟欲想找替代品的盲目，那不過是難以入眼的廢物。

兩個各有心思的人恰巧在孤單交會，就別以喜歡之名，拉扯住彼此的人生。**如果只是覺得有了一個對象才不會顯得落單，那麼這樣的陪伴，壓根稱不上喜歡。**

P.S.

孤單會放大喜歡，但如果不是真的喜歡，那只會換來更多的孤單。

有種愛叫「到此為止」，不再互相為難，不再互相糾纏

#及時停損是最理想的收尾
#成全放手也是一種愛

在懸崖邊緣喊停，不只是保護自己，更是保護兩人共築的美好回憶。

我看過太多曾經多麼相愛的人，在分開的時候就有多麼魚死網破，也看過說了分開以後的伴侶，往後分分合合、糾纏不清的時間比交往還久。

只是我看過歸看過，當自己遇到的時候，也很難做到豁達。

我愛過一個人，是那種只要他對著許願池許願，我便願意跟著

他手上的硬幣一起躍入水底，找尋所有能讓他心想事成的方法。也許就是如此地將他放在心上，才會在發覺自己已不在他的心上時，萌生了該堅持還是放棄的掙扎。

假裝沒看見兩人之間的問題，日子當然還是可以照樣過下去，但就像在汪洋行駛的小船，就算兩人都還在這艘船上，**可勉強繼續已不能再雙向奔赴的感情，更像是種苟延殘喘**。

不想再為難對方，所以為難自己，我必須將枯萎的關係剪去，才能給彼此繁花似錦的未來。他不想做壞人，就由我來當，不留曖昧不明的餘地，讓一切清清楚楚、乾乾淨淨。

如果你問我這樣做不痛嗎？**我想沒有一種捨不得的道別是可以毫髮無傷的**，但如果沒有這種到此為止的決心，在氾濫的感性之後，用僅存的理性做出正確的決定，無論是我是他，我們哪裡都不能去。

要一刀兩斷且兩不相欠，終究還是太難，畢竟愛得太深勢必難分難解，但若回到愛的本身，已經不合時宜的兩人，還要牽強地把彼此綑綁著，這究竟算是摯愛還是窒礙呢？

已經用盡全力試過各種方法，仍校正不了差異，**也許及時停損，不讓歡快的曾經損耗殆盡，是最理想的收尾**。

不是不愛，只是無法再愛，就像在這場愛情裡畢了業的你們必須各奔前程，再不捨也終將會開啟新的人生。

不會再為彼此難解的課題針鋒相對，不會再因磨合不來的觀念各持己見，更不會再讓兩隻長滿針的刺蝟，互相擁抱卻又弄得遍體鱗傷。

沒有彼此，但有回憶，不再重疊，但各自安好，這也是一種愛人的方式。

P.S.

愛可以是毫無保留地付出，
也可以是成全放手地退出。

你其實不用占有他，也能擁有他

#不要將對方形塑成自己期待的模樣
#給彼此留點呼吸的空間

你得明白，任何以愛之名的控制，都早已與愛無關。

在關係還尚未穩定的時候，即使你有大把的在意，時時刻刻想知道對方在做些什麼，但仍不企圖打擾他，那是你很清楚自己沒有資格指手畫腳。但卻會在感情進入一定的成熟時，開始將你的關心綁成一段繩索，牽絆住對方的行為與思考，因為你覺得自己已經有足夠的身分，能將他揉捏成你期望的樣子。

但這是錯誤的，**任何人永遠都沒有權利，來支配對方的人生。**

不同的個體，有著不同的想法與邏輯，你們可以在異中求同，用溝通磨平兩人的稜角，或者包容彼此的差異，但怎麼樣都不該是透過控制的手段，來侵入對方的生命。如果試過很多方法，仍找不到合拍的節奏，那即便你數次喊停，**即便把每個段落都置換成你想要的音符，那終究只會是你的獨奏**，身邊的人是不是他，也都無所謂。

愛情的政體是民主，你可以說出你的想法，他也能有自己的做法，你們可以互不認同，但沒有誰是獨裁者。如果想要霸佔著話語權，用以上對下的姿態強迫對方接受，那你就成了一種病毒，讓這段感情從此不再健康。

你愛的是他，他有他自己的名字、背景和模樣，也是因為這樣的獨特與不可取代，才使你願意在心裡為他騰出一個位置。**你們很像，深愛著彼此，但不會是一個樣，這也才會讓相處的每**

個片段都充滿驚喜。所以你需要的，不是將他形塑成聽話的孩子，更不是一個口令一個動作的機器人，而是與他同舞，你輕巧地帶著他，他溫柔地帶著你。給彼此留點呼吸的空間，能自在地做自己，然後一起擁抱這份得來不易的感情。

P.S.

成熟的愛情會懂得這麼一句話：
他屬於你，也不屬於你。

你們可以在異中求同，
用溝通磨平兩人的稜角，或者包容彼此的差異，
但怎麼樣都不該是透過控制的手段，來侵入對方的生命。

你缺的不是伴侶，而是一個人也可以的幸福

#不會離開的只有自己
#不依靠任何人也能幸福

別再漫無目的地找愛，那只是想要，並不是需要。

我得坦誠，在寫這篇文章的當下，我剛結束一段維持三年的關係。我曾以為，日子會這樣安安穩穩地過下去，有個人會一直在那裡，抹去彼此的寂寞，分享彼此的喜悅，就像切一半的番茄，是甜是酸我們共同嚥下。

直到事與願違的那天到來，我才忽然明白，**曾以為握在手上不會飛走的幸福，也可以是說變就變的天氣，毫無防備地讓人淋成落湯雞。**

一味渴求某個人給的愛，並不是能對號入座的票根，頂多就像搭上了一輛巴士，一路顛簸才發現目的地不是你要去的地方，只能倉皇下車，半點由不得人。在我們生命中，多少個說要給你幸福的人都離開了，多少個看起來能給你幸福的人卻沒有為你停留。**到頭來不會離開的，還是你自己**。

當你明白這一點，就會懂得，要先學會怎麼樣一個人也能好好的，才不會盲目地追尋不適合你的感情，才不會在一段關係裡為了迎合對方而失去自己，更不會在撕心裂肺的失戀後從此一蹶不振。**你要有不依靠任何人就能幸福的能力，才有餘裕，等待真正能加成你幸福的人出現**。

P.S.

先顧好自己的這一半，自然會在來來去去的人群裡，找到能嚴絲合縫的另一半。

對可有可無的人，才會忽冷忽熱

#不要假裝看不見他的壞
#忽冷忽熱讓人感冒

承認自己不被在意的人放在心裡在意，終究還是不容易。

試著去想想，你會對重要的人，表現得忽冷忽熱嗎？如果不會的話，那又怎麼會在對方忽冷忽熱的時候，說服自己他並沒有別的意思呢？**當我們開始想盡辦法為對方的行為舉止找藉口，其實只是在給內心徬徨的自己，一個繼續撐下去的理由**。

而我的好友林瑜一撐就是兩年。最讓我們這群朋友受不了的就是，當林瑜找對方的時候，他可以像是人間蒸發一般，消失一整天後只幽幽地傳一句：「怎麼了？」而當他想要找林瑜時，就算我們聚會氣氛正熱烈，林瑜也必須趕緊收拾趕過去，否則又要換得一頓吵。我們說，像這種雙重標準的人不宜久留，她只是回：「他還是會對我好。」我們要她不要假裝沒有看見他對她的壞，她只是說：「哪一段愛情全部都會是好的？」我們最後說，妳耗費了快三年青春，他還是這樣對妳忽冷忽熱，妳真的覺得這是愛嗎？她笑著回：「我的三年也是他的三年，若他真的不愛，怎麼會花這麼多時間在我這裡？」

才明白，忽冷忽熱果然容易讓人感冒，可能會讓當事人燒壞了頭腦、模糊了眼睛，也失去覺察真心與否的能力。

說穿了，**一下子對你好，一下子又對你置之不理的人，愛得更多的，永遠都是自己**。他不在意自己的行為會給你什麼樣的錯亂，他只在乎當下的欲求如何滿足。他需要空間的時候，你連訊息都是叨擾，但他需要你的時候，卻又熱切得讓你彷佛重回熱戀。而這劇烈的冷熱變化，卻從來沒有一個準確的天氣預報，你只能學著適應，把異常視為自然。

在一段感情裡，他對待最親近伴侶的態度，全由自己的心情決定，不正說明了，你的存在對他而言，從來就不是首要考量。你好或不好他並不在乎，那會不會其實，他也並不在意陪伴在他身邊的人是不是你。

別讓自己習慣了對方的食之無味棄之可惜，那從來就不是正常關係裡該有的狀態。你接受了，他只會食髓知味，認定你只配得這樣的對待。你的沒有底線，也是他對你呼之則來揮之則去的幫兇。

在他面前，你不需要將自己低到塵埃裡，也不需要有適應極端氣候的能力，你只要確信自己值得被捧在手上，用恆溫呵護著，你便會很清楚，**總要賭對方每日心情的陰晴，才不是你該要的愛情。**

P.S.

就因為他不怕失去，
才會對你愛理不理。

愛你的人，不會讓你在他面前，看起來一事無成

#一定會有人覺得你可愛
#不夠完美也值得被愛

我們都看過輕蔑的口吻與眼神，但如果出自於最愛的人，那最是傷人。

不要不相信，真的有那麼一種人，在感情裡善於透過貶低對方，來奠定自己的地位。可能是時不時數落對方的想法與觀念，或者一抓到把柄就要責備個沒完，然後輔以自己過往的經驗叨叨念念，讓明明是戀人的兩人，看起來更像是老師在教訓學生。

但其實這樣的人是很可悲的，**因為他內心的軟弱與不自信，只**

能用高高在上的語言掩飾；他必須在這段關係中得到話語權，才能保全那毫無用處的面子。當然他也不全然會完全摧毀你的心智，還是偶爾在責備後給點無謂的包容，像是在你身上鞭打出傷痕後，再遞給你藥膏。他遲來的同情並不是溫柔，而是怕你受不了了、想逃跑了，他就失去了可以控制的對象。就像玩翹翹板一樣，只有你越低，他才能登得更高，才能得到你更多的肯定與崇拜。這就是種常見的ＰＵＡ手段，要統治你的心，就必須將你貶低到不敢發起革命，讓你又是痛苦又是忍耐卻無法自拔。

對他來說，比起愛你，他更在乎自己。

而你該匹配的，不是在你自我懷疑時，還要落井下石的夥伴；而是你需要被拯救時，他能溫柔地為你拉開降落傘。**你不會畏懼和他分享內心的脆弱，因為你知道即便自己不夠完美，也每**

次都能得到溫暖的擁抱；你有煩惱需要尋求建議時，他也總能想盡辦法替你對症下藥。

當你遇見這樣的一個人時，你會明白，原來你並沒有那麼一文不值。即便你的狀態有好有壞，還是會有人怎麼看都覺得你很可愛。

P.S.

當一個人一邊嫌棄著你卻又離不開你，
你要想的不是自己有沒有錯，而是他的腦袋有沒有問題。

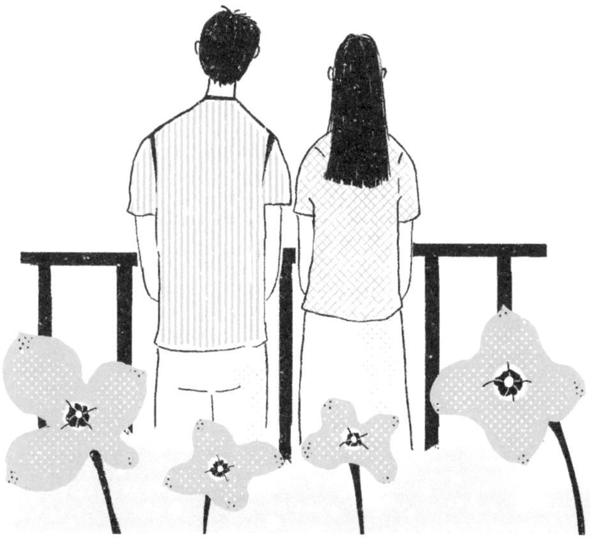

愛情，不是要你陪一個長不大的孩子緩慢成長

#理想的愛情應該是牽著手並行
#長不大的孩子並非你的責任

有些課題，必須要時間和悟性去參透，就算你自願當老師，他不肯學也沒有用。

還記得《那些年，我們一起追的女孩》裡，沈佳宜那句：「大笨蛋，你什麼都不懂！」不只是年少輕狂的吶喊，更是每個放了感情，卻肉眼可見彼此落差的人，最聲嘶力竭的嘆息。

我們都不是生來成熟，所以能和對方一起成長是再好不過，**但問題就在於步伐不同的兩人，終將會拉開差距**。即便你願意停下腳步等待，反覆接納對方幼稚的行徑以及不斷犯錯，包容所

有長不大的思考與舉動，但最後你會得到的，只有被寵壞的他，以及心力交瘁的自己。

理想的愛情應該是牽著手並肩而行，就算起步不同，落後的那方也會拚了命地追趕，不為什麼，就為能更靠近對方的心臟，以及更合拍的未來。怎麼樣也不會是要一個人不厭其煩地拉著對方的手，陪伴他蹣跚學步、牙牙學語，卻絲毫看不見他的成長，只剩下消磨的耐心與情感。

人們總說愛能戰勝一切，可那前提應該是兩人爭先恐後地努力，才能衝破所有的差異與阻礙，而不是其中一人任性放肆，成為兩人前行最大的障礙。

別想著當對方人生的救世主，畢竟愛你的人哪捨得看你這樣辛苦，無論是不是故意的，他終究還沒有做好愛人與被愛的準備。長不大的孩子，有一天會遇見讓他快速成長的醍醐灌頂，**但那並不是你的責任，你只需要對自己的幸福負責**。回首這一路以來你的快樂有沒有大於難過，再來思考，自己還有多少青春可以拿來和他揮霍。

P.S.

沒有辦法等到更好的他固然可惜，
但繼續跟不知上進的人蹉跎生命，等你的只有年華老去。

寧可單身，也不要和不適合的人浪費人生

#別硬要和消耗你的人相處
#人生要浪費在喜歡的事物上

不要以為一個人就是最寂寞的，在明明是兩個人的世界，卻讀不懂彼此的心，那才是孤寂的極致。

以為身邊有個伴，就能告別孤單，那終究還是比較天真的想法。因為當你終於見到什麼是「白天不懂夜的黑」，當你費解為什麼同樣都擁有五感，但在同樣一件事情卻有著天壤之別的解釋時，才會明白原來對牛彈琴，有多麼揮霍生命。

當然，兩個人適合不適合，需要足夠的相處時間才能證明，可問題就在於，當你意識到彼此並不合拍的時候，你能一刀兩

斷，還是苟延殘喘？你會毅然決然放下，毫不猶豫地推開，還是再給自己無數次機會一試再試？

說穿了，大多時候我們都沒那麼勇敢，所以寧可當隻泡在溫水裡的青蛙，也不敢當荒野裡那朵碩果僅存的花；寧可泅游在一段錯誤的關係，也畏懼獨自在看不見盡頭的公路狂奔。

可是你得明白，單獨並不等於孤獨，**你還是會找到適合一個人看的電影、吃一人份剛好的美食、去一趟一個人更自由的旅行**。而那個與你不合拍的對象，他的存在只會瓜分你的精神，而不是分享你的靈魂。

如果人生非得要來浪費，那麼就找一張喜歡的唱片、一本書，悠閒地度過一個下午，毋須耗費多餘的心力，硬要和消耗你的人相處。

P.S.

就像股票，一直緊抓著套牢不懂停損，還不如空手才有機會買到更好的標的。

單獨並不等於孤獨，
你還是會找到適合一個人看的電影、
吃一人份剛好的美食、
去一趟一個人更自由的旅行。

他的消息已與你無關，他的訊息請冷眼旁觀

#時間早晚會將他沖淡
#下定決心才能苦盡甘來

人最難戒除的三個東西：癮、壞習慣以及前任的消息。

癮會傷身、壞習慣會傷人，至於前任的消息本來頂多只是讓人傷腦筋，可偏偏你戒不掉想他的癮，改不了打聽他近況的壞習慣，落得傷心又觸景傷情。

說到前任，我們都知道那是個不能隨意打開的潘朵拉的盒子，從分開的那一天起，關於曾經關於遺憾關於未來關於好的壞的全都塞了進去。理智的你明白，在真正釋然以前別輕舉妄動，但感性的你卻時不時盯著盒子出神，想再看個仔細。無論最後

哪一方戰勝了，前任的蛛絲馬跡依然會此起彼落地出現在你的周遭，可能是一張一起消費過的發票，或是他曾寫給你的紙條，更別說散落在你幾坪大房間裡的記憶碎片。雖然這些都僅止於過去，但卻是讓你想知道他最近過得好不好的勾引。

如果只是自己的小劇場就罷了，最怕的是在你決定一刀兩斷時，前任冷不防的叨擾，用一則意義不明的訊息，就能輕而易舉地瓦解你的決心。

畢竟是愛過的人，要輕輕放下本就不容易，可如果不咬緊牙關這麼做，往後的日子會比現在更不容易。

無論你是對他還抱有期待，或是心存怨懟希望他得到報應，都適可而止吧。

離開後他的造化如何都與你毫無關係，你越關注他，他就會成了你的過敏原，在你身上爬滿蕁麻疹，不抓腫癢難耐，抓了或許得到短暫的舒爽，緊接而來的卻是越搔越癢、破皮流血。

總有一天他的姓名會變得陌生，**那些與他轟轟烈烈的故事，最後都會成為呼嘯而過的跑馬燈，在你心裡掀不起一絲波瀾**。你花了大把心力去戒除窺探他的習慣、不回應他的招惹，為的就是讓這一天提早到來。

接受有緣無分的事實後，過去的種種都會成為人生中無法複製的旅程，想念當時的風和日麗，但你也明白那裡早就人事已非。要不再被回憶勒索，或是他偶一為之的誘惑左右，終究還是要來回殺死想奔向過去的自己，但你一定不會讓這一切掙扎前功盡棄。

時間早晚會將他的存在沖淡，在正式告別他之後，你會明白什麼是苦盡甘來。

P.S.

請將他毫無意義的叨擾當作一則詐騙訊息，那就算他有多花言巧語，你也不會信他半句。

別去期待兩個人心有靈犀，溝通才是拉近彼此的最佳途徑

#不要妄想通靈
#請互相傾訴傾聽

我們都要有「你不說，對方就不會懂」的心理準備，才不會對對方有不切實際的幻想，為莫名其妙的事情吵架。

以前我曾看過一對老夫妻相處，彷彿心電感應一樣，老爺爺只是「嗯」了一下，老奶奶就起身從冰箱拿出水果給他吃；老爺爺剛把手伸進去口袋，老奶奶便拿著菸灰缸遞在前頭，放下的瞬間，老爺爺就拿出了一個打火機。我私下好奇地問老奶奶為什麼都曉得對方要什麼？她只說都一起生活一輩子了，在想什麼彼此都很清楚。

當時我便暗自把「心靈相通」與「相處時間」畫上等號，好像只要在一起夠久，很多話不用說破，所想所做所為都能被理解，甚至被接受。

可我這想法很快地就破滅了，看著身旁交往數年的情侶，甚至共組家庭的夫妻，卻成天為了雞毛蒜皮的小事爭執，以為對方會懂自己的想法，或好奇對方到底在想什麼等諸如此類的資訊落差，**才發現能否互相理解與時間無關，只在於能不能坦誠相見，不總是要對方猜**。

我聽過一名女性長輩聊自己的婚姻之道，在她那個女性被教導要把丈夫放在第一位的年代，女人不用有太多的想法，夫唱婦隨就好。能夠參透老公的心思，提前為對方安排好細節，才能展現自己的體貼和溫柔，成為所謂的「賢內助」。

或許在數十年前這法則還管用，然而，只要求一方體貼的溝通方式是不健康的。時代變了，每個人都被允許擁有自己的想法與自我意識，但若你不去表達內心所想、闡述你所認知的觀念，那存在於彼此內心些微的誤差依然會蔓延。

即便你是善意的動機，自以為「不用說對方就會明白」，但很可能最後會演變成對方接收不到，而你責備他少根筋，嫌隙只會繼續滋長。

當然，也不是把話說了就管用，對方怎麼解讀那又是另外一回事，可如果你連說都沒說、做都沒做，就渴望對方理解，那現實只會賞你幾記耳光，告訴你別再妄想。

談感情不是在錄益智節目，沒有這麼多答案好猜，既然好不容易走在一起，能談天說地、能交換心情多麼難得。**開始試著把**

內心真正在意的想法說出，不再做對方會無條件懂你的假設。你們終究都會明白，溝通並沒有想像中難，反而是徹底認識對方最簡單的捷徑。兩人之間哪需要什麼心電感應，只要互相傾訴、互相傾聽就夠了。

P.S.

習慣說出自己真實的需求，也聽進對方真實的感受，比起虛無縹渺地希望對方懂，還不如多做幾次有效的溝通。

最喜歡的食物就要放最後吃，最喜歡的人最後終會姍姍來遲

#也許遲到，但絕不會無故未到
#晚一點入口幸福感會很久很久

等了一整晚想要向流星許願，但也許你的願望早已在等待時緩緩實現。

我看過一則有趣的心理實驗，首先給了一群小朋友一人一顆棉花糖，實驗者告訴他們，他會先離開十五分鐘，待他回來後沒有把棉花糖吃掉的人，就可以再得到一顆棉花糖。後來十五分鐘過去，有的小朋友忍耐不住便急著吃掉，有的則等待實驗者回來才開動，而後者被歸類在懂得「延遲享樂」的一群。

幾年後，實驗者再去檢視兩組小朋友的未來發展，發現選擇

「延遲享樂」的孩子們，身心健康與行為模式都較佳，有更好的抗壓性、更好的課業表現、社交能力也更加優秀。由此也看得出來，**能為了某個目標耐住性子，不僅在達成後會擁有更大的喜悅，在過程中，也潛移默化著我們的行為處事往更正面的方向去**。

我相信每個人都有「延遲享樂」的經驗，比如把最喜歡吃的食物放最後吃、久久吃一次垃圾食物更是滿足，或是為了一趟出國旅遊努力存錢，得到的充實感遠勝每天玩樂的人。

就因為我們知道，未來有個美好的結果在等著，所以願意付出更多的耐心等候、更多的毅力忍辱負重。**我們知道自己為何努力，才能不忘初衷地竭盡所能**。或許過程會有很多誘惑、閒言閒語，但方向明確，每一步都能走得踏實。

愛情也是如此。我們反覆在感情裡跌跤，有時像撲火的飛蛾，有時又像沒人要的孤兒，著急地想找個人作伴，就怕自己會落單。浮浮沉沉，愛不可得，得到的又不確定是不是愛，保持單身卻又被寂寞與年歲的追趕給吞噬。但如果我說，**無論怎麼顛沛流離，或是要承受孤寂，最後都會有這麼一個能陪你餘生細水長流的人出現**，那你願不願意放過自己，不再盲目地追愛、不再堅守錯誤的人，也不再因為單獨太久，而不相信自己其實也是值得被愛的那個。

我無法告訴你是什麼時候、在什麼地點，以及什麼狀況下會華麗登場，但那個人就是這麼存在著。你要耐心地等，照顧好自己的身心健康，用更精采的生活蓋成一座燈塔為他指引方位，就算又去談幾場戀愛也無妨，**當你更懂得怎麼愛人與被愛，會有更高的敏銳度在人海中找到他。**

所以別怕別急，那個人也許會姍姍來遲，但絕不會無故未到。就像是你最喜歡吃的食物都要留在最後，晚一點入口，幸福感會延續很久很久。

P.S.

總會出現那麼一個人，你會慶幸自己保持單身，才能在對的時間與他碰頭。

愛需要的很簡單，是眼裡只有彼此，最高品質的陪伴

#把每一次的相處都當作是一份禮物
#陪伴是不在身邊心也向著彼此

在同個空間卻心不在焉，這樣的陪伴，意義少去一大半。

「你有沒有試過和一個人從餐廳開業一路聊到打烊？」好友芷這樣問我。

「沒有，因為這樣餐廳翻桌率太低，會被討厭的。」我說。

那是芷第一次和聊了三個月的網友凱見面，她沒想過可以如此一見如故又一拍即合，聊了八個小時還不夠，後來還相約去河堤散步，再去涼麵攤吃了碗消夜。回家前，凱跟她說希望能每天都這樣過，芷害羞地低下頭，他便湊上來親了她一口。

「噁心，第一次見面就親妳，而且涼麵的大蒜味一定很臭。」我講完立刻撇過頭，因為再盯著芷的眼睛看，肯定會被那銳利的眼神給割傷。

「總之，我們在一起了，因為那天**他說話專注的眼神、耐心的傾聽，讓我感受到什麼是最高品質的陪伴。**」我在芷的四周看到漫天的粉紅泡泡。

我大概能理解讓芷深深著迷的感覺，畢竟在網路上能遇到真誠相待的人相當罕見。能擁有一段深刻的交流、感興趣的共同話題，還有那種被重視、被珍惜的感覺，很難不目眩神迷。可我就是擔心，還摸不清他的好會不會只是曇花，或者是他慣用的伎倆，若就這麼輕易地陷了進去，真的妥當嗎？

半年後，凱被外派到上海工作，兩人開啟了遠距離戀愛。有天芷約我出來吃飯，我心想不妙，看來這段感情是熬不過了。我坐在餐廳等她，遠遠就聽到她的大笑聲，只見她一邊視訊一邊跟我打招呼。

「今天凱跟我們一起吃飯，可以吧！」芷把手機螢幕對著我，我便和正在吃著蟹殼黃的凱尷尬地說了聲嗨。原來他們從開始遠距離後，便約好每天都要開著視訊一起吃晚餐，時間可長可短，但除了吃飯什麼事情都不做，就談每天的近況、談心情、談想念。

而那頓晚餐，讓我愛上了上海，從外灘逛到法租界，從生煎包吃到上海燻魚。**我意識到迷人的未必是故事本身，而是說故事的人**，即使如我這般的外人，凱也不厭其煩地與我分享，而我餘光瞄向芷托著腮笑成一彎的眼睛，我想我懂了，什麼是她口中最珍貴又高品質的陪伴。

芷曾說過，有一任男友讓她動起分手念頭的瞬間，就是當她一邊擦著保養品，一邊興高采烈地說著早上被主管褒揚的情景，而對方也燦爛地為她開心，結果一轉頭，她發現對方緊盯著手機螢幕，激烈地打著遊戲，她的快樂一秒支離破碎。我那時和她說，會不會太苛刻了？她只冷冷地回：「**人在身邊但心不在的那種失落感，會讓我覺得他此時此刻待在那裡，都是迫不得已的**。我不需要這種一文不值的陪伴。」

我想我們都太輕視了陪伴的力量。那足以讓晦暗的心情瞬間晴朗，讓百無聊賴的日常有了花樣，讓滔天的不安能被安放，讓心如止水的情感在心裡開出一朵花。種種堅定而美妙的力量，都來自於彼此真誠而專注的心，在當下緊緊相依。

陪伴與時間、距離長短無關，就好比我們一天有三分之一的時間會和辦公室的同事相處，沒有掏心掏肺地交流，沒有將心思放在對方身上，那就算近在咫尺，交情也僅點到為止。也有很多家人與伴侶，回到家便各做各的事情，和朋友相約出去，卻自顧自地滑著手機，即使聊天，話語也止步於耳朵，不進心裡，美其名是共處一室，實則並無交集。

陪伴不是要黏膩在一起，而是我不在你身邊，但我的心向著你。我們各自忙碌的時候可以盡心盡力，可回過頭彼此都在，這樣的想念會穿越人群，到達對方的心裡。

我想，任何一段關係的維繫，要的無非就是用心，說的每字每句，做的每件事情，都不要是為了敷衍了事。

我們先不想得太遠，說的就是現在，**把每一次的相處都當作是一份禮物，重點不在金額多寡，而是你的心意在哪**。可能是一頓飯或者一通電話的時間，我們都要讓彼此感受到，就算這個世界有再多有趣的事情，但在你的面前，除了你，其他都不值一提。

P.S.

人在身邊是陪，但心也在才能叫做陪伴；
或許我們偶爾會想要有人陪，
但最有重量的陪伴，是除了他誰都做不來。

能理智地愛一個人，才是青春教會你的本事

#愛一個人本就容易失去理智
#長大是更成熟地面對離散

我們一生中，總有幾次機會能愛得瘋狂，即使結果好壞參半，但至少不枉青春。

我書寫文字多年，闡述許多對於愛情的觀點，有對的有錯的，有太理想化的，也有自己都辦不到的，但那都是我對愛的理解。偶爾回過頭看過去的文字，有些會使我莞爾一笑，畢竟以年為單位的歲月流逝，看待一件事的角度就像手機廣角一樣越來越進步，而那些過時的想法也變得不合時宜。我也才意識到，這或許就是所謂的長大吧。

更年輕的時候，我會因喜歡一個人而魂牽夢縈，把最重要的人事物拋諸腦後，會和伴侶爭吵到不知輕重，為了愛而不可得的人傷心欲絕，為了失戀而痛不欲生。而這些深刻的過程，就像受用的參考書，讀懂了、參透了，**在往後遇到類似事件與情緒時，無論是自用或者分享給其他人，便都能有所依據**。

前段時間，我又失戀了。聽著對方哭著訴說愛上另外一個人的過程，我沒有歇斯底里、沒有責備，雖然心中有太多的問號和驚訝，但我卻能冷靜地理解對方的想法，甚至感謝她沒有不告而別，而是選擇勇敢地面對面，希望我們是有始有終的。我沒有挽留，因為我知道那是無用的，我有難過、流淚，但更像是一種悼念，悼念這段相處時光的逝去。過了好幾天恍惚如夢的日子，也失眠過幾夜，我曉得自己依然沒有灑脫的能力，但卻能理性地看待所有憑我一己之力也改變不了的事實。

我不知道要過多久，才可以心中沒有一絲波瀾，但我已經對於自己的平靜感到滿意。我知道自己不是變得冷血無情，我依然會對每次的分離傷心欲絕，可我很清楚，在面對離散時能用更好的方式處理，在回到一個人的狀態時能更思慮清晰地安撫自己。我想，這就是成長的足跡，**能理智地愛人，也能在不被愛時保持理智**。

曾經的少年與少女，在愛裡磕磕碰碰了幾回，最後都更懂得愛人與被愛的方式，怎麼樣才適切合理。不再莽莽撞撞、拿捏不好力道，不再凡事都由情緒做主。當我們都能做到這個目標，**讓相愛的彼此都處在舒服的狀態，讓不得不分開時都能擁有最成熟的姿態**，這才是那些狂放的青春，教會你我的本事。

P.S.

誰的青春不是摸著石頭過河，
而我們終將會成為更好的人。

後記

轉眼間，我開始寫作已經超過十年，有時候回頭看過去的文字，也會莞爾一笑，但我想，這也是成長的模樣吧。

起初收到編輯小世的建議，希望我的第四本書可以寫除了情感以外的面向，包括事業、人際和自我成長等題材。第一時間，我懷疑自己能寫出什麼讓人拍案叫絕的觀點呢？我憑什麼像是個專家，教導誰怎樣做才對，又憑什麼像是個前輩，對他人的人生指指點點。所以我內心是有所排斥的，但小世告訴我，每個人都有獨特的經歷，也沒有人可以複製別人的過往，所以重點在於我的視角與經歷，將那些本質很像的人生命題，好比每個人都有的油鹽醬醋，炒出一盤熟悉又獨特的佳餚。

其實，一開始我想了個書名叫「在今年花光心碎的額度」，除了在創作這本作品時，從交第一篇稿到校稿結束花了將近兩年的時間，主要還是因為我無可救藥的拖延症，讓編輯催稿催了幾次。但在這說短不短的日子裡，我的人生也出現了大小不一的改變，弄丟了一些重要的人事物，也有過幾個心碎的瞬間。我知道要把這輩子的心碎都在今年花光，根本是天方夜譚，可就像是給自己以及給讀者的鼓勵，面對那些快樂或者心碎的片花，其實都是長大的過程。於是，又有了後來的書名《長大是喜不喜歡都無須假裝》。

如果你問我，想不想長大，我的答案是否定的。曾經和朋友聊到，是小時候快樂還是現在快樂？很多人都選擇現在，而原因是，可以做自己想做的事情。或許這牽涉到每個人成長環境的不同，對我來說，我的童年是快樂的，當然也不是要推翻長大後的快樂，只是後來接踵而至的壓力、為生存而日日打拚的疲憊感，以及必然要不斷面對的生老病死，都是現有的快樂中，時不時會刺傷我的零碎玻璃。

最近很觸動我靈魂的事件，大概是我那罹患失智症的爺爺，已經認不得我了。去年還可以叮囑我在台北要好好照顧自己，短短幾個月我在他面前就已像個陌生人，時而呆滯，時而問我「你是誰」，現在想到還是會覺得心酸。我明白都已經九十幾歲的人了，我還能奢求什麼，但面對「時間老人」的殘忍，我不需要道貌岸然地說著長大後有多麼前途光明，在此刻我就是要坦誠自己並不喜歡長大。

喜不喜歡都無須假裝，就是這麼一種對自我的誠實，但同時我們也要明白，展現好惡並不是暢行無阻的通行證，不是不懂得閱讀空氣的任性，更不是「只要我喜歡有什麼不可以」的跋扈。而是我們終於曉得，不用被他人的眼光綁架、不用一味地討好他人，更不需要因為誰的言語，讓自己變成連自己都不喜歡的模樣。

說回長大，很多時候，我還是會覺得自己幼稚得像記憶裡的少年，但當我回憶起年輕時做過那些讓我遺憾與後悔的事情，我又會理解到，這都是歲月的積累，才能有的領悟。即便我不想長大，但我依然能接受所有好與不好的變化，我可以理直氣壯地說，我沒有辜負一路走來的足跡，也將絲絲光陰熬煮得有滋有味。

只要時間在走，我們都會繼續變老，同時，我們也不會停止長大。總有一天，我們會像《被時間留下的人》一般，留下更好的自己與重要的人，然後，披著《長大是喜不喜歡都無須假裝》的瀟灑，在各自的人生裡各自安好。

長大是喜不喜歡都無須假裝

作　　者　P's

責任編輯　黃莀肴 Bess Huang
　　　　　鄭世佳 Josephine Cheng

責任行銷　鄧雅云 Elsa Deng

封面裝幀　高郁雯 Aillia Kao

內頁設計　高郁雯 Aillia Kao

內頁插畫　之一工作室／鄭婷之

版面構成　黃靖芳 Jing Huang

校　　對　鄭世佳 Josephine Cheng

發 行 人　林隆奮 Frank Lin

社　　長　蘇國林 Green Su

總 編 輯　葉怡慧 Carol Yeh

主　　編　鄭世佳 Josephine Cheng

行銷經理　朱韻淑 Vina Ju

業務處長　吳宗庭 Tim Wu

業務專員　鍾依娟 Irina Chung

業務秘書　陳曉琪 Angel Chen
　　　　　莊皓雯 Gia Chuang

發行公司　悅知文化　精誠資訊股份有限公司

地　　址　105台北市松山區復興北路99號12樓

專　　線　(02) 2719-8811

傳　　真　(02) 2719-7980

網　　址　http://www.delightpress.com.tw

客服信箱　cs@delightpress.com.tw

ＩＳＢＮ　978-626-7537-54-1

建議售價　新台幣３８０元

首版一刷　２０２５年1月

國家圖書館出版品預行編目資料

長大是喜不喜歡都無須假裝／P's著. -- 初版. -- 臺北市：悅知文化精誠資訊股份有限公司，2025.01
320面；14.8×21公分
ISBN 978-626-7537-54-1(平裝)
1.CST: 自我實現 2.CST: 生活指導
177.2　　113019291

建議分類｜心理勵志

悅知文化 Delight Press

線上讀者問卷 TAKE OUR ONLINE READER SURVEY

在這趟有著做不完選擇題的人生裡，盡力活成自己最喜歡的樣子。

——————《長大是喜不喜歡都無須假裝》

請拿出手機掃描以下QRcode或輸入以下網址，即可連結讀者問卷。
關於這本書的任何閱讀心得或建議，歡迎與我們分享 ◡̈

https://bit.ly/3ioQ55B